Ein energetisches Reinigungrritual in Ihrer Wohnung löst negative Schwingungen auf und bringt frische Energie in Ihr Zuhause.

Ob Kräuter, Harze oder Hölzer – finden Sie Ihre individuelle Räuchermixtur für bestimmte Situationen und besondere Stimmungen.

Vorwort

Ob das Orakel von Delphi, die Friedenspfeife bei den Indianern Nordamerikas oder die Papstwahl in Rom – Rauch war zu allen Zeiten mehr als nur das bloße Produkt eines Verbrennungsprozesses. Menschen der unterschiedlichsten Kulturen sind seit Urzeiten vom Einfluss des Rauchs auf den menschlichen Körper, den Geist, die Seele und das Bewusstsein überzeugt.

Räuchergefäß aus dem arabischen Raum.

Probleme in Rauch auflösen

Das Räuchern erfüllt in den verschiedenen Kulturen unterschiedliche Funktionen. Die einen versuchen, mit dem Rauch energetische Reinigung zu erlangen, die anderen möchten dadurch eine Verbindung mit höheren Wesen, mit Gott, und mit der Natur herstellen. Allen Rauchritualen gemeinsam ist jedoch – neben ihrem Einsatz als Therapeutikum und als Mittel zur Steigerung des Wohlbefindens – ihr mystischer und ihr transzendentaler Gehalt.

Seit Urzeiten dient Räucherwerk religiösen Zwecken. Mit dem Rauch sollten Botschaften an den Himmel geschickt werden. Räuchern war somit fester Bestandteil im Leben unserer Ahnen.

Der Kontakt zu »oben«

Rauchrituale spielten und spielen vor allem in den Weltreligionen eine bedeutende Rolle. Der schlichte Glauben an das geschriebene oder gesprochene Wort, wie es im Christentum praktiziert wird, ist eine eher seltene und vielleicht auch schwierige Art des Glaubens. Aber selbst im Christentum gilt das Verbrennen von Weihrauch als fester Bestandteil eines bestimmten Zeremoniells.
Die subjektive Erfahrung des Göttlichen ist in zahlreichen Religionen durch nichts zu ersetzen: Allein dadurch wird erst aus den Glaubenstatsachen Gewissheit.
Und zur Unterstützung dieser praktischen Glaubenserlebnisse und subjektiven Erfahrungen wurde und wird vielfach in religiösen Riten das Verbrennen von speziellen Kräutermischungen, Hölzern oder Harzen, Samen und Gewürzen eingesetzt.
Kontakt mit der göttlichen Welt aufnehmen – das ist in allen Religionen ein Menschheitstraum, der durch unterschiedliche Rituale in Erfüllung gehen soll. Dazu gehört neben der Musik und der Meditation auch immer wieder die Räucherei.

Viele Menschen schwören darauf, dass es mit der Hilfe von Rauch möglich ist, Gott näher zu sein und auch viel intensiver zu sich selbst zu kommen. Das stimmige Sinnbild für diese Theorie ist der beim Räuchern zum Himmel aufsteigende Rauch.

Die Wiederentdeckung der Räucherrituale

Die uralten Methoden der Räucherei erlebten durch den Esoterikboom der letzten Jahre eine wahre Renaissance. Zu Recht, denn wer sich näher mit dem Thema Räucherwerk befasst, wird entdecken: Es funktioniert tatsächlich. Auf spiritueller Ebene kann man mit der richtigen Anwendung von Rauch die Atmosphäre von schlechten Energien reinigen und somit Seele und Geist pflegen.
Im körperlichen Bereich lassen sich Krankheitskeime mit Rauch regelrecht »ausräuchern«.
Vielleicht machen Sie Ihren ersten Räucherversuch zu einer Art Spiel mit Freunden. Oder Sie probieren es zunächst allein für sich aus. Auf Dauer sollten Sie jedoch aus dem Räuchern ein Ritual machen. Wenn Sie eine kleine Rauchzeremonie in Ihren Alltag eingliedern, dann können Sie mit wenig Aufwand erstaunlich viel für Ihr geistiges und körperliches Wohlbefinden tun. Versuchen Sie es! Dieses Buch soll Ihnen dabei helfen, die verschiedenen Räuchertechniken kennen zu lernen. Probieren Sie sie einfach aus, und finden Sie Ihren persönlichen Duft und Ihre individuelle Räuchermethode – und damit auch ein Stück mehr Gelassenheit und Ruhe, die den meisten von uns heute längst im Stress des täglichen Lebens abhanden gekommen sind.

Gisela Schreiber

Räuchern wirkt stabilisierend und ist heilend für Körper, Geist und Seele.

Räucherungen gehören im Buddhismus seit jeher zu den wichtigsten und häufigsten rituellen Handlungen.

Jeder kennt das Orakel von Delphi, doch über Räucherrituale der Antike und der Vor- und Frühgeschichte wissen wir wenig.

Die Geschichte *des* Räucherrituals

Die Praxis des Räucherns war allem Anschein nach schon sehr früh fast auf der ganzen Welt – im Orient, in der altamerikanischen Welt und in Nordeuropa – verbreitet. Ehe die hohe Kultur der Räucherei nach Griechenland kam, musste sie einen weiten Weg zurücklegen.

Rauch in der Antike

Weihrauch war in Griechenland um 750 vor Christus, zur Zeit des Geschichtsschreibers Homer, wohl noch unbekannt. Aber mit der Aufnahme von Handelsbeziehungen zu Asien im ersten Jahrhundert nach Christus begann ein reger Austausch von Waren und von kulturellen Gebräuchen: Olibanum, das wir als Weihrauch kennen, gelangte von der Küste Arabiens nach Ägypten, Griechenland und Indien. Beim Waren- und Kulturaustausch zwischen Griechenland und dem Orient übernahm die Insel Kreta eine wichtige Verbindungsfunktion. Und da die Griechen gern fremde Riten, Gebräuche und Anschauungen annahmen, entwickelte sich in Griechenland schnell eine Hochkultur des Räucherns.

Reinigen mit Rauch

Eine besondere Funktion des Räucherns in der Antike wird immer wieder deutlich: In Kultstätten wurde vor allem deshalb geräuchert, um den Ort vor einer zeremoniellen Handlung zu reinigen. Archäologen stellten fest, dass antike Tempel oft einen Vorraum hatten, der als eine Art spirituelles Badezimmer interpretiert werden kann. Hier sollten die Priester, die das Ritual leiteten, sich vor der Zeremonie von negativen Einflüssen befreien. Den eigentlichen Tempel durften sie erst betreten, wenn sie sich der reinigenden Kraft des Rauches ausgesetzt hatten.
Wie heute in Hochsicherheitslaboren Zwischenschleusen die Verbreitung von Krankheitserregern verhindern, so sollten Räucherkammern vor dem Tempel unerwünschte feinstoffliche Einflüsse ausschalten.
Der Schleusenraum hatte somit eine äußerst wichtige Funktion für den Kult, denn nur bei konsequenter Anwendung der Reinigungsrituale blieben die spirituellen Inhalte der heiligen Handlung erhalten.

Es gibt eine erstaunlich große Vielzahl an Harzen, die seit alters her zum Räuchern verwendet werden (siehe auch Seite 88 f.).

Lange vor den Griechen der Antike praktizierten bereits die Ägypter, Phönizier, Sumerer und Hebräer Räucherrituale mit verschiedenen Harzen.

Das Orakel von Delphi

Nicht nur Privatleute, auch Politiker nutzten in der Blütezeit der antiken griechischen Kultur das Orakel, das in vielen Tempeln angeboten wurde, dazu, um einen Blick in die Zukunft zu werfen. Es ging beim Befragen des Orakels also nicht nur um den Alltag, sondern auch um Entscheidungen von weit tragender politischer Dimension. Geschichtlich überliefert als die berühmteste Orakelstätte, zumindest soweit wir das heute noch beurteilen können, war Delphi. Dieser Tempel wurde zum Wallfahrtsort aller Griechen. Die Prophezeiungen aus dem Apollo-Heiligtum von Delphi wurden als unfehlbar betrachtet. »Erkenne dich selbst« soll das Motto gewesen sein, das den Tempel zierte. Zu den Ritualen des delphischen Orakels gehörten Räuchereien, die für die benötigte Bewusstseinserweiterung und Hellsichtigkeit der Priesterin, der Phytia, sorgen sollten.

»Orakel« bedeutet »Antwort«. Im Apollotempel von Delphi gab Phytia Antwort, wenn der Fragende Lorbeer verräucherte.

Dabei soll der Rauch des Lorbeers eine wesentliche Rolle gespielt haben. Nach der Überlieferung war Lorbeer der bevorzugte Rauch für Apoll, den Gott des Lichts, der Weissagung, der Medizin, Poesie und Musik.
Der Sage nach zog Apoll nach seinem Triumph über den Drachen Python mit Lorbeer bekränzt in die Stadt Delphi ein. Seither steht der Lorbeer stellvertretend für Ruhm, Sieg und Ehre. In seiner Eigenschaft als Schutzpatron der Musen wurde Apoll immer dann angerufen, wenn es um schöpferische Kraft, Phantasie oder Erleuchtung ging, also Bereiche, die sich rationalen Ordnungskriterien entziehen. Man ging davon aus, dass die Priesterinnen in Delphi eine Art Medium für den Gott darstellten: Indem sie sich in Trance versetzten, sollen sie in der Lage gewesen sein, Botschaften Apolls zu empfangen und zu übermitteln. Weihrauch und Myrrhe waren die Gegenleistung, die den Priesterinnen von Delphi als Dank überreicht wurden. Und das waren äußerst noble Gaben, denn diese Rauchspender waren seinerzeit sehr begehrt und hatten ihren entsprechenden Preis.

Bald entwickelte sich das Räuchern zum wichtigen Wirtschaftsfaktor, der nicht nur durch steigende Importe, sondern auch durch eigenen Anbau getragen wurde. An Kräutern, Harzen und Hölzern konnte sich damals so mancher eine goldene Nase verdienen. In den Haushalten räucherte man zu allen möglichen Anlässen, wobei jeder Gottheit eine bestimmte Räuchermischung zugeordnet wurde. Das Wissen um die Zuordnung des Räucherwerks zu einzelnen Göttern ist bis heute erhalten geblieben – dank der »Orphischen Hymnen«, einer Liedersammlung aus Kleinasien, die mit dem Dionysoskult in Zusammenhang gebracht wird.

Aromatherapie im alten Rom

Nicht nur im antiken Griechenland, sondern bald auch bei den Römern boomte die Anwendung von Räucherwerk zu kultischen und zu kosmetischen Zwecken.
Die Römer eiferten darum, ihre Wohnräume mit duftenden Rauchessenzen zu füllen und ihren Körper mit Wohlgerüchen zu verwöhnen.
Mit der Übernahme der griechischen Räucherrituale durch die Römer veränderte sich nach und nach deren ursprüngliche Bedeutung. Zwar blieb der religiöse Aspekt erhalten, aber den Römern kam es besonders auf

Das wohl riechende Räucherwerk machte für die Griechen der Antike die Anwesenheit der Götter offenbar und besaß selbst göttlichen Ursprung.

Für die eher pragmatisch orientierten Römer standen Wohlgeruch und Heilcharakter der von den Griechen übernommenen Rauchrituale im Vordergrund und nicht so sehr der religiöse Aspekt.

Das finnische Saunabad

Auch heute sollte über den gesundheitsfördernden Effekt des Saunabadens hinaus auch ein Mindestmaß an ritueller Bedeutung bewahrt werden. Viele Menschen nutzen den gemeinsamen Saunagang als Treffpunkt, ebenso wie sie sich in einer Kneipe verabreden würden.
Die Sauna sollte aber kein Ort der Unterhaltung sein, sondern Stätte der Besinnung und Kontemplation. Nicht umsonst gilt es geradezu als internationale Regel, dass in der Sauna Ruhe zu herrschen hat und jeder Benutzer auf das Ruhebedürfnis anderer Rücksicht nehmen sollte.
Doch halten sich leider nicht alle an dieses Gebot.

In einem indianischen Schwitzhüttenritual wird der Rauch mit einer Feder sanft zugefächelt, während die Person den Rauch mit den Händen zuerst zum Herzen, dann in Richtung Kopf und am Ende in Richtung Erde zieht.

den Geruch des Räucherwerks an: Rauch wurde als Raumduft und Parfüm verwendet. Zudem rückte der gesundheitliche Aspekt in den Mittelpunkt des Interesses. Die Essenzen dienten der Behandlung bestimmter Leiden. So wurden heiße Bäder mit bestimmten Kräutern versetzt. Der dabei frei werdende Dampf sollte den Körper entgiften und zugleich regenerieren. Bald erhielten die römischen Dampfbäder Kultstatus.

Indianische Riten

Eine hohe spirituelle Bedeutung hatte und hat das Schwitzen auch bei den Ureinwohnern Nordamerikas. Doch statt der Thermenbäder gab es bei den Indianern die so genannten Schwitzhütten, in denen Reinigungsrituale durchgeführt wurden.
Bei einer Schwitzhüttenzeremonie wird zuerst die Schwitzhütte zur Reinigung intensiv ausgeräuchert. Außerdem wird jeder Teilnehmer vor und nach der Prozedur ausgiebig beräuchert. Die Wärmequelle für das Schwitzen an sich besteht aus glühend heißen Steinen in der Mitte der Hütte oder des Zeltes.
Unter den Steinen werden Zedernzweige platziert, die während der Zeremonie ihre aromatischen Wirkstoffe freisetzen. Die Beteiligten legen außerdem weiteres Räucherwerk wie Tabak oder einen speziellen Mix mit Bärentraubenblättern, genannt Kinnikinick, auf die Steine. Die weiteren Ingredienzien können Yerba Santa, Königskerze, Sweetgrass, Oshawurzel, Rotweide, Piment, Birkenrinde, Passionsblume oder Sassafrasrinde sein. Die Schwitzzeremonie wird von Gebeten begleitet und hat das Ziel, Körper und Geist zu läutern und sich für den »Großen Geist« zu öffnen. Der Kern dieser Prozedur – durch Meditation über das eigene »Ich« hinauszutreten, um sich Göttlichem zuzuwenden – weist starke Ähnlichkeit mit der buddhistischen Tradition auf.

Die Friedenspfeife

Die Indianer waren vermutlich die Ersten, die das Pfeiferauchen kultiviert haben. Beim Rauchen handelt es sich im Prinzip um eine konzentrierte Form des Räucherns. Die Pfeife symbolisiert dabei die von den Indianern geheiligte Erde mit ihren unterschiedlichen Elementen: Das Rauchgerät steht damit bereits für eine Form der Einheit und Ganzheit. Folgerichtig wird das Rauchutensil eingesetzt, wenn es um die Herstellung eines Einvernehmens zwischen Menschen oder mit dem Himmel geht. Gemeinschaftliche Beschlüsse werden mit der Pfeifen-Rauch-Zeremonie besiegelt. Die Verwendung von beruhigenden Kräutern tut dabei ein Übriges. Mit dem aufsteigenden Rauch werden Hoffnungen, Gedanken und Botschaften in den Himmel geschickt. Was hier als Aberglaube erscheint, wird in der modernen Psychosomatik bestätigt: Die Lunge besitzt – neben der Haut – ein hohes Kontakt- und Kommunikationspotenzial. Mit dem gemeinsamen Rauchen eröffnen die Indianer die Möglichkeit, untereinander auf seelischer Ebene in Kontakt zu treten.

In allen Kulturkreisen spielt Rauch eine Rolle. Hier inhaliert eine tibetische Schamanin den Rauch spezieller Kräuter.

Schamanen und der heilige Rauch

Eine wichtige Rolle bei den Indianern spielten und spielen Räucherungen für wichtige Riten. Die Rezepte wurden streng von den Schamanen gehütet, die den Ablauf der Zeremonien überwachten. Wohl die wichtigste Zeremonie im Leben eines Indianers ist die Initiation, der Übergang vom Jugendlichen zum Erwachsenen. Wenn die Zeit gekommen ist, begibt sich der Betreffende in die Obhut des Schamanen. Unter dessen Anleitung wird der junge Mann mit Hilfe von Räucherungen und anderen Hilfsmitteln in Trance versetzt. Hierbei kommt es oft zu Halluzinationen. Darin sollen möglichst Lebewesen vorkommen, die als Hinweis auf ein bestimmtes Totem interpretiert werden. Mit diesem Tier und dessen zugeschriebenen Eigenschaften ist der Initiierte dann sein Leben lang verbunden, was sich auch in seinem künftigen Namen ausdrückt.

Die gebräuchlichsten Räucherstoffe der Schamanen Nordamerikas sind neben dem Steppenbeifuß und der Virginiazeder (amerikanischer Wacholder) auch Harz und Nadeln der Pinie.

Opfergaben für die Götter wurden früher sehr oft verbrannt. Bei den Brandopfern kam auch Räucherwerk zum Einsatz.

Rauch *und* Religion

Das heute gültige Prinzip »Keine Leistung ohne Gegenleistung« war bereits seit vorgeschichtlichen Zeiten bekannt. Nur gingen die Menschen in früheren Zeiten davon aus, dass ihr Wohl und Übel von den Göttern abhängig sei. Folgerichtig kam es besonders darauf an, die Götter durch Opfergaben gnädig zu stimmen und sich für gute Zeiten zu bedanken. Hier spielte auch der Rauch eine wesentliche Rolle.

Rauch als Opfergabe

Ehe ein Opfer im Lauf der Geschichte zunehmend symbolischen Charakter annahm, bedeutete es für die Menschen der Vorzeit noch ein tatsächliches Opfer. Der damit verbundene Verzicht war vor dem Hintergrund spärlicher Vorräte durchaus spürbar. In unserer von solchen natürlichen Zeremonien entfernten Zeit mag dieser Zusammenhang schwer nachvollziehbar sein. Die Menschen der Vorzeit waren in ihrer Existenz auf das angewiesen, was sie ernteten, sammelten und jagten. Sie waren der Natur unmittelbar verbunden und unterworfen und glaubten fest an die Existenz einer von ihrem Willen unabhängigen Komponente ihres Daseins. Die eigene Steuermöglichkeit bezog sich entscheidend auf die Manipulation der Götter: Gute Ernten wurden als Gunst der Götter, Missernten als Strafe der Götter gedeutet.

Das Brandopfer

Naturalien wurden bei dieser Art des Opfers dem Feuer übergeben und bei einer Zeremonie verbrannt. Weil dabei auch Tiere geopfert wurden, dienten Kräuter mit starkem Aroma wie Thymian oder Salbei dazu, den Kadavergeruch zu überdecken.
Die Gläubigen achteten streng darauf, ihre Brandopfer gewissenhaft zu zelebrieren. Schnell konnte sich sonst eine Gottheit zurückgesetzt fühlen und die Menschen ihren Zorn spüren lassen. In manchen Religionsgemeinschaften ging man davon aus, dass die göttliche Gunst, die sich in einer reichen Ernte, der Erfüllung von Bitten und Wünschen oder Vergebung von Sünden äußerte, proportional zu Art und Umfang der Opfer ausfallen müsse. Dem Opfer für die Götter wurde damit eine gleichsam merkantile Funktion zugewiesen.

Neben Bitten und Wünschen stand auch die Vergebung von Sünden im Mittelpunkt des Brandopfers für die Götter, das je nach Schwere des Fehltritts größer oder kleiner ausfallen konnte.

Der moderne, wissenschafts-orientierte Mensch tut sich schwer mit der Demut gegenüber einer höheren transzendentalen Macht. So sind viele Rituale religiösen Ursprungs wie das Räuchern heute fast in Vergessenheit geraten.

Freiwilliges Opfer statt religiösem Zwang

Opferzeremonien in unterschiedlicher Art und Weise werden von nahezu jeder Religionsgemeinschaft praktiziert. Die moderne Variante des Opfers ist in der katholischen Kirche die Kirchensteuer. Doch ist in diesem Zusammenhang leider durch das anonyme Abbuchungsverfahren der ursprüngliche, individuelle Opfergedanke aus unserem Bewusstsein verschwunden. Generell ist heute der Brauch, sich persönlich und unmittelbar bei den höheren Mächten durch eine Opfergabe zu bedanken, zumindest in unserem westlichen Kulturkreis, ziemlich in Vergessenheit geraten. Gelegentlich den höheren Mächten, sprich Gott, ein kleines Opfer in Form einer Räucherei darzubringen, zum Beispiel mit Blüten der Jahreszeit, und sich mit einem kleinen Gebet für empfangenes Glück zu bedanken, kann aber nicht falsch sein. Einem Menschen, der uns viel Gutes getan hat, bringen wir ja auch Blumen oder Konfekt mit, um unsere Dankbarkeit und Verbundenheit mit ihm zu bestärken.

Im Hinduismus und Buddhismus gehört das tägliche Rauchopfer zur religiösen Praxis.

Rauch als Ritual

Jeder Mensch ist eingebunden in die Kräfte der Natur, des Göttlichen und in die menschliche Gemeinschaft. Er ist Teil eines Ganzen, trägt aber auch selbst das Höhere und Ganze in sich, so wie jede einzelne Körperzelle den Bauplan des gesamten Organismus birgt. Diese Kräfte in uns müssen nur Gelegenheit haben, sich zu offenbaren. Gebet und Meditation, oft auch nur ein einfaches Innehalten in der täglichen Hast können uns dabei helfen. Und ein Ritual macht den Zugang zu solch einer inneren Sammlung leichter.

Rauchrituale bei Gebet und Meditation

Rituale dienen keinem Selbstzweck, sondern sie bereiten auf besondere Situationen vor und begleiten diese. Im Idealfall kommt ihnen symbolische Bedeutung zu, wie beispielsweise beim christlichen Sakrament des Abendmahls, bei dem der Leib Christi in Form der dargereichten Hostie und des Weins versinnbildlicht werden soll. Ein Ritual zwingt den Beteiligten, sich auf einen bestimmten Geistes- und Seelenzustand einzulassen, der außerhalb der alltäglichen Wahrnehmung liegt. Im Prinzip ist dazu jede Handlung geeignet, die mit dem eigentlichen Vorgang in Verbindung steht bzw. damit gebracht wird. Hauptsache, sie hilft dabei, sich auf das jeweilige Ziel zu konzentrieren. Mit der Zeit automatisiert sich gleichsam der Zusammenhang im Bewusstsein. Ein banales Beispiel: Für viele Menschen ist ein Frühstück erst mit einem Kaffee und der Morgenzeitung komplett. Erst wenn alle aus subjektiver Sicht notwendigen Begleitumstände eintreten, stellt sich die erwünschte Stimmung ein. So funktioniert das im Grunde auch mit dem Gebetsritual. Und auf höherer Ebene sorgt eine bestimmte Ritualisierung für eine energetische Fokussierung und Verstärkung. Die Weltreligionen sind sich dieser Zusammenhänge sehr wohl bewusst und setzen Rituale ganz gezielt ein.

Zur intensiveren Konzentration auf Gebet und Meditation kann das Räucheritual verhelfen.

Räucherrituale, die scheinbar oft beinahe beiläufig durchgeführt werden, dienen dem Innehalten in der Hektik des Alltags und sind meist mit einem kurzen Gebet verbunden.

Rauch unterstützt durch seine feinstofflichen Qualitäten vor allem die Fähigkeit, sich zu öffnen und mit höheren Mächten zu kommunizieren.

Richtig beten mit Rauch

Vielleicht ist es für manche Menschen überflüssig, auf Folgendes hinzuweisen, aber diese Warnung darf nicht unerwähnt bleiben: Gebete sollten immer positiv formuliert werden. Das Vaterunser ist ein sehr starkes Beispiel dafür, in welcher Form Gläubige die Aufmerksamkeit von Gott und seinen Helfern erbitten. Flüche, Hasstiraden oder auch nur böse Wünsche gehören nicht in ein Gebet und auch nicht in eine Rauchzeremonie. Wünschen Sie beispielsweise einem Menschen, der Sie sehr geärgert hat, etwas Schlechtes, wird ein Kanal für Negatives geöffnet. Es handelt sich dabei um keine Einbahnstraße! Durch diesen geöffneten, negativen Kanal kann die böse Energie auch umgekehrt fließen, und Sie könnten von etwas Schlechtem, das Sie jemandem wünschen, leicht selbst getroffen werden.

Also sollten Sie zumindest im eigenen Interesse auf derartige Abwege verzichten. Wünschen Sie einem bösartigen Menschen lieber, dass er zur Einsicht kommt, damit er einsieht, was er anderen antut und sich bessert. Denn auch beim Wünschen gilt: Was man sät, wird man ernten. Es kann also nur in Ihrem eigenen Interesse sein, positive Energien in die Welt und in den Kosmos zu schicken.

Was ist so besonders am Rauchritual?

Die Zeremonie des Räucherns hilft nicht nur, die Atmosphäre und die Seele energetisch zu reinigen, sondern sie hilft auch bei der Kommunikation mit den höheren Mächten. Man geht davon aus, dass ein Gebet mit der Bitte um himmlischen Beistand umso leichter und besser ans Ziel kommt, je energetisch reiner der Absender selbst und der ihn umgebende Raum sind. Der Hintergrund: Der Inhalt des Gebetes nimmt bestimmte Energiestrukturen an und wird auch durch energetische Kanäle transportiert, die der Betende selbst bereiten muss. Bei energetischem Chaos in Seele und Raum würden sich die betreffenden Energiestrukturen erheblich verfälschen und abschwächen, so dass das ursprüngliche Gebet wahrscheinlich sein Ziel gar nicht erst erreicht. Und genau dabei hilft der Rauch von Weihrauch oder auch anderen Harzen.

Er wirkt stabilisierend auf die Energiemuster ein und hält störende Einflüsse fern. Zusammen mit den freigesetzten Wirkstoffen in den Pflanzen bieten Rauchrituale also die ideale Voraussetzung für Selbstversenkung und die gleichzeitige Verbindung mit dem Göttlichen.

Rauch im christlichen Glauben

Das Räuchern mit Weihrauch ist bis in die Gegenwart hinein auch im christlichen Kulturkreis gang und gäbe. Zählte doch gerade dieser Räucherstoff auch zu den kostbaren Gaben, mit denen die Heiligen Drei Könige anlässlich der Geburt Christi aufwarteten. Im Gegensatz aber zum römisch-katholischen, griechisch-orthdoxen und zum russisch-orthodoxen Gottesdienst wird der protestantische Gottesdienst von keinerlei Rauchritualen begleitet – möglicherweise in bewusster Abkehr von der katholischen Liturgie. Denn nach dem protestanischen Glauben sind viele dieser Zeremonien nicht nur überflüssig, sondern versperren sogar den Blick auf das Wesentliche – die geistige Verbindung mit dem Schöpfer.

Individuelles Räuchern

Viele Methoden und viele Zutaten für bestimmte religiöse Rauchzeremonien sind oftmals nur einem ausgewählten Kreis von Eingeweihten bekannt. Die Geheimhaltung geschieht nicht von ungefähr. Man geht davon aus: Ist das betreffende Wissen erst einmal zum öffentlichen Allgemeingut

Jedes Beiwerk, das vom Wesentlichen ablenkt, wurde von der puristisch kontemplativen Ausrichtung der evangelischen Theologie aus der Liturgie verbannt – auch das Räuchern mit Weihrauch.

Die traditionelle Zusammensetzung für Weihrauch

Bei dem in der römisch-katholischen Liturgie an den hohen kirchlichen Feiertagen eingesetztem Weihrauch handelt es sich meistens um eine Mischung aus Styrax, Benzoe und Olibanum, und zwar in einem Verhältnis von eins zu vier zu zehn. Mitunter werden hierzu noch weitere Harze und aromatische Öle beigemengt.

geworden, dann wird es nebensächlich und verliert nach und nach auch seinen mystischen und mythischen Charakter. Darüber hinaus wird es als Allgemeingut auch nicht mehr als etwas Heiliges empfunden und ernst genommen. Genau das ist aber äußerst wichtig für die Wirksamkeit aller religiösen Rituale.

Es ist durchaus sinnvoll, sich sein individuelles Ritual selbst zu schaffen, denn dies erhöht unter Umständen noch die Intensität des Rauchwerks auf die Sinne.

Hintergrund der Bewahrung einer gewissen Exklusivität der jeweiligen Rauchzeremonie ist, dass sich der Interessent Sinn und Bedeutung eines solchen Rituals zunächst vollständig vor Augen führt.

Da jeder Mensch die Grundlagen zu dessen Erschließung in sich trägt, kann er auch mit Rauchritualen seinen ganz persönlichen spirituellen Weg beschreiten. Und dazu bedarf es nicht unbedingt besonderer Rezepturen und Methoden. Völlig verfehlt wäre es auch, die vorgegebenen Anleitungen ganz stur zu befolgen und dann automatisch eine Wirkung zu erwarten. Viel mehr Sinn macht es dagegen, sich Schritt für Schritt selbst auf die persönliche Suche zu begeben und eine individuelle Methode des Räucherrituals für sich zu finden und zu kultivieren.

Einstimmen auf das Ritual

Die Momente des Gebets oder der Meditation stellen einen angenehmen Einschnitt in der Hektik des Alltagsbetriebes dar. Machen Sie noch mehr daraus – machen Sie daraus ein kleines Fest! Zelebrieren Sie die innere Andacht mit Ihrem ganz persönlichen Rauchritual.

Beginnen Sie ganz bewusst mit den äußeren Vorbereitungen: dem Bereitstellen der Räucherschale sowie der sonstigen Räucherutensilien, der Belüftung des Raumes, dem Abstellen der Wohnungs- und Telefonklingel, dem Entzünden der Kohle, dem Warten auf die Glut. Dabei sollten Sie darauf achten, diese Dinge stets in der gleichen Reihenfolge zu tun, damit Sie selbst Teil des Rituals werden. Welcher Ablauf der bewährteste für Sie ist, müssen Sie allerdings selbst ausprobieren. Möglicherweise haben Sie die räumlichen Möglichkeiten, sich eine Räucher- und Gebetsnische zu installieren, wo alles bereitliegt. Hier werden sich im Idealfall dauerhafte positive Energiemuster bilden, die das Eintauchen in höhere Dimensionen erleichtern. Auch wenn Sie Ihre Zeremonie »ambulant« feiern, ist es wichtig, dass Ihre Vorbereitungen darauf ausgerichtet sind, ein Ritual zu bilden. Dadurch entsteht Vertrautheit, egal, in welcher Umgebung Sie sich befinden, und eine Assoziation mit bestimmten körperlichen oder geistigen Zuständen bei früheren Ritualen. So wird Ihnen der Einstieg zur inneren Ruhe erleichtert.

Ihr persönliches Rezept

Kenner des Räucherwerks empfehlen für das individuelle Gebet eine Räucherzusammensetzung, die aus verschiedenen Harzen und getrockneten Blütenblättern der »Saison« besteht. Mit der Zeit werden Sie bei der Zusammenstellung Ihrer individuellen Räuchermischung ein Gespür dafür entwickeln, welche Wirkung die verwendeten Räuchersubstanzen bzw. deren Mischung auf Ihren Geist, Ihre Seele und Ihren Körper entfalten.
Es liegt nahe, diese Erfahrung beim Beten zu berücksichtigen. Sie können dann die unterschiedlichen Zutaten oder Rezepturen dem Zweck Ihres Gebets oder Ihrer Meditation anpassen, je nachdem, welchen Seelenzustand Sie herbeiführen möchten.

Beachten Sie bei der persönlichen Zusammenstellung der Ingredienzen für Ihr Räucherritual auch Ihre momentane Stimmung und die Jahreszeit.

Mit der Zeit finden Sie die Räuchersubstanzen, die Sie besonders mögen und die Sie je nach Stimmung und Anlass als Räuchermischung kombinieren können.

Der Geruchssinn spielt dabei zwar die Hauptrolle, doch der Umgang mit Räucherwerk ist ein ganzheitliches Erlebnis.

Räuchern *mit* allen Sinnen

In der Einbeziehung aller unserer Sinne spiegelt sich der ganzheitliche Charakter des Räucherns wider. Stellen wir also alle unsere körperlichen Sinne ganz auf die Wahrnehmung des Räucherrituals ein, wird sich sehr bald das Gefühl von innerer Harmonie und Ruhe einstellen.

Unser Geruchssinn

Die entwicklungsgeschichtliche Bedeutung unseres Geruchssinns ist durchaus nachvollziehbar. Zu Zeiten, in denen unsere Vorfahren unzähligen Bedrohungen in ihrer Umwelt unmittelbar gewahr sein mussten, erwies es sich als existenznotwendig, Gefahren riechen und auf sie instinktiv reagieren zu können.

Der Geruch einer giftigen Pflanze oder eines giftigen Pilzes musste beispielsweise jederzeit als Warnung erinnerbar sein, damit man sicher vor dem tödlichen Genuss war.

Heute noch gilt: Bevor die Gefahr eines Feuers den Menschen physisch erreichen kann, nimmt er den Rauch wahr und gewinnt dadurch die entscheidenden Sekunden Vorsprung, um sich in Sicherheit zu bringen.

Duft und Humanbiologie

Damit wir riechen können, muss ein Gasgemisch – normalerweise Luft – an den Riechschleimhäuten (*regio olfactoria*) der Nase vorbeigeleitet werden. Das geschieht beim Atmen ständig, es sei denn, man atmet durch den Mund.

Die Geruchssinneszellen (Osmorezeptoren) im Riechepithel leiten den Reiz über den Riechnerv direkt ans Gehirn weiter. Dort löst der Reiz bewusste Wahrnehmungen und unbewusste Reaktionen aus.

Duft und Psychologie

Da der Geruchssinn zu unseren entwicklungsgeschichtlich ältesten Sinnen gehört, verwundert es nicht, dass Gerüche mit angenehmen oder unangenehmen Affekten assoziiert sein können, die sich auf unser Empfinden und Verhalten auswirken.

Obwohl unser Geruchssinn wenig entwickelt ist, haben wissenschaftliche Studien schon vor langer Zeit das erstaunliche Ergebnis erbracht, dass der Geruchssinn der wichtigste der fünf Sinne ist. Wer hätte das gedacht: Die Nase rangiert als Sinn noch vor Auge und Ohr.

Jeder kennt das: Ein bestimmter Geruch steigt einem in die Nase, und schon tauchen Bilder aus der Vergangenheit vor dem inneren Auge auf, die positive oder negative Erinnerungen in uns wachrufen.

Ob für Sie unter medizinischen Aspekten eher Dampf oder Rauch vorteilhafter ist, sollte im Fall von chronischer Bronchitis oder Asthma unbedingt von einem Arzt abgeklärt werden.

Das hängt damit zusammen, dass das Unterbewusstsein bestimmte Gerüche auf Dauer speichern und abrufen kann, während dem Gedächtniswert akustischer oder optischer Reize weniger Relevanz zukommt. Beim unangenehmen Geruch von Desinfektionsmitteln wird man sich vermutlich blitzartig an einen Krankenhausaufenthalt erinnern – auch wenn dieser schon Jahre zurückliegt. Es gibt kaum objektiv wirkende Gerüche. Unsere Psyche, unsere Erfahrungen, unser Leben fließen in die Geruchserfahrung mit ein.

Duft in der Medizin

Die Sinne spielen für unsere Gesundheit eine entscheidende Rolle. Dieses Wissen hat sich die Naturheilkunde beim Verfahren der Aromatherapie zunutze gemacht. Hier spielt der Geruchssinn die Hauptrolle. Neben der Bekämpfung von Infektionskrankheiten durch das Inhalieren aromatischer Öle verspricht die Aromatherapie vor allem bei psychischen, nervlichen und hormonellen Leiden große Erfolgschancen.

Die Rose gilt in der Aromatherapie beinahe als Allheilmittel. Rosenextrakt wirkt ausgleichend auf die Psyche und viele Organe.

Die Manipulation des Unterbewusstseins durch Ansprechen des Geruchssinns zu therapeutischen-Zwecken gelingt aber auch beim Räuchern, weil die dort freigesetzten Düfte stark auf die Psyche einwirken. Doch was ist nun aus medizinischer Sicht besser: Aromatherapie mit Dampf oder Rauch? Die Inhalation von Dampf und Rauch unterscheidet sich dahin gehend, dass mit dem Dampf feuchte und mit dem Rauch trockene Luft eingeatmet wird. Jeder, der unter Atemwegserkrankungen leidet, weiß, dass für ihn der Unterschied groß sein kann. In der Naturmedizin wird vorzugsweise das Inhalieren von Dampf angewandt. Beim Räuchern ist allerdings zu bedenken, dass neben der erhöhten Freisetzung von Kohlendioxid durch den Verbrennungsvorgang auch feste Bestandteile als Ruß in die Atemluft gelangen können. Auf der anderen Seite ist bei Bronchitis und Asthma mit Reizungen der Atemwege durch feuchte Luft zu rechnen. Beim Abwägen der Vor- und Nachteile beider Verfahren sollte der Patient deshalb einen Arzt oder Heilpraktiker zur Beratung heranziehen.

Übersinnliches

Menschen, für die Prophezeiungen und Hellsichtigkeit keine Fremdworte sind, die in die Zukunft sehen können oder Übersinnliches wahrnehmen, wird eine Art sechster Sinn zugeschrieben. Sie finden im Räuchern einen Vermittler. Auch die, die diese Gabe an sich noch nicht feststellen konnten, können im Rauch neue Entdeckungen in dieser Richtung machen, denn jeder Mensch ist mit übersinnlichen Kräften begabt. Manche finden sie in jungen Jahren und meist zufällig, andere entdecken sie durch Übung und innere Einkehr.

Schärfen Sie Ihre Sinne

Um den so genannten sechsten Sinn aufzuspüren, ist es hilfreich, sich zunächst der körperlichen Sinne so weit wie möglich gewahr zu werden. Wer in der Lage ist, seine Sinne bewusst und vollständig zu entfalten, wird leichter zu übersinnlichen Erfahrungen gelangen. Leider sind unsere Sinne heute durch Reizüberflutung oft abgestumpft und wenig empfänglich für Feinstoffliches. Um die Sinne zu schärfen, muss man sich gelegentlich dem Überangebot von Reizen entziehen. Jeder, der einmal eine Zeit des Fastens, der Askese oder der Stille verbracht hat, weiß um die differenziertere Wahrnehmung der Sinne, die sich danach einstellt. Speisen schmecken intensiver, oder man hört plötzlich wieder das Zwitschern der Vögel. Zu welcher Meisterschaft die Sinne gebracht werden können, zeigen uns Blinde. Bei ihnen müssen die übrigen Sinne die Aufgaben des Auges übernehmen und werden dadurch besonders gut trainiert. Tatsächlich nehmen die Betroffenen die Anwesenheit weiterer Personen im Raum – selbst wenn diese sich still verhalten – meist wahr, sei es durch den Geruchssinn, sei es dadurch, dass sie es spüren – mit dem sechsten Sinn. Oft entwickeln sie in Notsituationen übersinnliche Fähigkeiten.

Die Schulung unserer Sinne – auch die des Geruchssinns – bedarf einiger Übung und ist nicht von heute auf morgen zu erreichen.

Räuchern mit allen Sinnen

Der Umgang mit Räucherwerk ist ein gesamtsinnliches Erlebnis. Der Tastsinn erfährt die unmittelbar haptische Komponente durch die Gegenstände der Räucherzeremonie. Vom leisen Knistern des in Glut gesetzten Räucherwerks gehen akustische Reize aus. Ob man diesen Sinn zusätzlich noch durch Hintergrundmusik aktivieren will, ist Geschmackssache. Unser Auge ist beim Räuchern durch die Wahrnehmung der Glut, des Rauchs und der Räucherstoffe beteiligt. Räuchern hat daher einen ganzheitlichen Charakter.

Durch ihren ganzheitlichen Charakter erleichtern Räucherrituale nicht nur die Konzentration auf Gebet und Meditation, sondern öffnen auch die Wahrnehmung für den sechsten Sinn.

Deshalb ist es auch außerordentlich wichtig, seine Sinne zu öffnen. Wenn wir unsere körperlichen Sinne auf die Wahrnehmung des Rauchs ausrichten, dann wird sich bald eine innere Harmonie einstellen. Beobachten Sie, wie sich Ihre Sinne intuitiv auf Wanderschaft begeben, um nach Höherem zu streben. Das Bewusstsein kann sich öffnen und den Weg für das bereiten, was man den sechsten Sinn oder das dritte Auge nennt. Möglicherweise macht sich dieser Zustand bei Ihnen auch körperlich bemerkbar, sei es als Kribbeln auf der Stirn, sei es als Wärmeempfindung. Wer sich traut, seinen sechsten Sinn zu entdecken, wird sich selbst und seine Umwelt in einer erweiterten Realität erleben – eine Wirklichkeit, die nicht mit rationalen Mitteln, wohl aber intuitiv erfasst werden kann.

Kleine Duftkunde

Damit wir einen Geruch wahrnehmen können, müssen die betreffenden Aromastoffe der Luft beigemengt werden. Für gewöhnlich sind die Stoffe an einen pflanzlichen Träger gebunden, aus dem sie zunächst herausgelöst werden. Außerdem benötigen sie ein gasförmiges oder feinstoffliches Transportmittel, an das sie sich binden und wodurch sie in die Luft gelangen können. Beide Schritte können eine Einheit bilden oder getrennt erfolgen.

Das einheitliche Verfahren

In der Natur kommen die Duftstoffe, die auch als Lockstoffe für Insekten fungieren, ohne künstliche Wärmezufuhr oder Alkohol aus, der als Lösungsmittel bei der Herstellung von Parfüm verwendet wird. Den Pflanzen genügt allein die Kraft der Sonne. Ihre Wärme verhilft den Geruchsstoffen dazu, sich zu verflüchtigen und sich mit der umgebenden Luft bzw. mit dem ebenfalls entstehenden Wasserdampf aus der Pflanze zu vermischen. Die aromatischen Stoffe, die an die gelösten ätherischen Bestandteile gebunden sind, nehmen wir dann mit der Atemluft durch die Nase auf. Die Lösung und Mischung mit der Luft erfolgen unmittelbar nacheinander und sind deshalb als Einheit zu sehen.

Düfte in Rauch auflösen

Beim Räuchern geht derselbe einheitliche Prozess wie in der freien Natur vonstatten. Beim Verglimmen beispielsweise von Pflanzenteilen unter weitgehendem Ausschluss von Sauerstoff verflüchtigen sich ätherische Öle unter der Wärmeeinwirkung und mischen sich zusammen mit den mit ihnen verbundenen aromatischen Substanzen unter die Atemluft. Das in der Pflanze enthaltene Wasser entweicht als Dampf. Darin werden die wasserlöslichen Bestandteile mit in die Luft transportiert. Gleichzeitig wandeln sich durch vollständige oder unvollständige Oxydation weitere Stoffe um und werden in Form von Rauch und Gas ausgesandt. Diese Stoffe vermengen sich ebenfalls mit der Atemluft und gelangen so zu den Geruchsnerven in der Nase oder in die Lunge, wo sie an das Blut abgegeben und direkt vom Organismus aufgenommen werden.
Wie bei jeder Inhalation wirkt daher auch der Duft von Räucherwerk sofort und unmittelbar auf den menschlichen Organismus – dadurch können die heilenden Kräutersubstanzen auch wesentlich rascher wirken, als es bei der oralen Verabreichung in Form von Kapseln oder Tee der Fall ist. Denn durch den relativ langsamen Verdauungsprozess vergeht in letzterem Fall eine gewisse Zeit, bis die Inhaltsstoffe der Heilpflanze über den Darm aufgenommen werden können und schließlich ihre Wirkung im Körper entfalten.

Beim Inhalieren werden heilende Substanzen viel schneller vom Körper aufgenommen als bei der Verabreichung der Stoffe in Form von Tee oder Kapseln.

Die Zutaten zum richtigen Räuchern sind leicht zu beschaffen und die Durchführung der Zeremonie ist ebenfalls einfach.

Räucherwerk *und* Räucherzubehör

Die Räucherzeremonie ist keine Zauberei, sondern unkompliziert und mit wenig Aufwand durchzuführen. Im Folgenden werden wir Ihnen die einzelnen Utensilien, die Sie für das Räuchern brauchen, und ihre Handhabung kurz vorstellen. In einer Warenkunde werden wir darauf hinweisen, auf was Sie beim Kauf der Utensilien besonders achten sollten.

Räucherutensilien

Die Zutaten zum richtigen Räuchern sind einfach zu beschaffen (siehe Bezugsquellen Seite 93). Die Durchführung der Zeremonie ist im Prinzip ebenso einfach. Haben Sie Streichhölzer, ein paar Tannenzweige und eine nicht brennbare Unterlage zur Hand, dann kann die Räucherei schon beginnen.
Wie sich aus der Übersichtstabelle auf Seite 33 herauslesen lässt, haben wir es beim Räuchern entsprechend der Vielzahl der unterschiedlichen Räucherstoffe auch mit ganz verschiedenen Konsistenzen zu tun (fest, wachsartig, zähflüssig, dünnflüssig). Auch in dieser Hinsicht ist für Abwechslung gesorgt.

Räucherstäbchen

Das Verfahren des Räucherns mit Stäbchen stammt ursprünglich aus Indien, und auch heute noch zählt dieses Land zu den wichtigsten Produzenten und Exporteuren von Räucherstäbchen. Sie bestehen aus einem feinen Holz- bzw. Bambusstab, der mit der festen Räuchermasse versehen ist. Es gibt allerdings auch holzlose Räucherstäbchen, die in Tibet und in Japan verbreitet sind. Hinsichtlich der Qualität von Räucherstäbchen gibt es allerdings erhebliche Unterschiede.

Warenkunde

Indische und chinesische Ware:
Die Masse der aus Indien und China importierten Stäbchen wird mit synthetischen Aromen hergestellt. Es liegt daher auf der Hand, dass deren Duft und Wirkung nicht mit denen zu vergleichen sind, die aus natürlichen Substanzen hergestellt sind.
Auf der Packung der synthetischen Stäbchen ist meist eine Hauptduftrichtung angegeben, beispielsweise »Weihrauch«, »Sandelholz« oder »Opium«. Natürlich ist im Fall der

Leider sind Räucherstäbchen nicht gleich Räucherstäbchen. Hier gibt es qualitativ große Unterschiede, denn zum großen Teil werden Räucherstäbchen heute als industrielle Massenware produziert, sprich, sie werden mit synthetischen Stoffen versetzt und verlieren dadurch an Qualität.

Bei Räucherstäbchen aus Japan können Sie in der Regel von einer guten Qualität ausgehen. Lassen Sie sich aber dennoch beim Kauf beraten.

letztgenannten Duftrichtung im Stäbchen kein Opium enthalten, sondern andere Substanzen und Aromastoffe, deren Geruch an Opium erinnert. Ähnlich verhält es sich mit vielen anderen Geruchsnoten.
Und selbst wenn es sich dabei um natürliche Stoffe handelt, so sind auf der Verpackung meistens aus Gründen der Geheimhaltung der Rezeptur nur die Hauptkomponenten genannt, aber kaum die genauere Zusammensetzung. Hochwertige Produkte, in denen reine und natürliche Substanzen enthalten sind, stammen meist aus Japan. Japanische Räucherstäbchen kommen ohne Stützhölzchen aus und bestehen überwiegend aus dem Pulver von Aloeholz. Als weitere Bestandteile sind enthalten: Benzoe, Olibanum, Amber, Moschus, Kassia, Nelken, Kampfer, Patchouli und Vetiver. Lassen Sie sich beim Kauf von Räucherstäbchen also am besten fachlich beraten, und achten Sie auf die Angaben auf der Verpackung. Je sparsamer und ungenauer die Angaben, desto eher ist mit minderer Qualität zu rechnen. Geben Sie lieber ein bisschen mehr Geld für bessere Ware aus, oder verzichten Sie im Zweifelsfall ganz auf die Verwendung von Räucherstäbchen.

Die bei uns mittlerweile schon seit Jahrzehnten beliebten Räucherstäbchen stammen ursprünglich aus Indien.

Anwendung

Aus dem reichhaltigen Sortiment von Räucherwerk lassen sich Räucherstäbchen am einfachsten handhaben. Und so wird es gemacht: Stecken Sie das untere Ende des Stäbchens in einen speziellen Räucherstäbchenhalter oder irgendeine andere geeignete Haltevorichtung (schlanke Vase, Kartoffel etc.). Wichtig ist dabei immer, dass das Stäbchen nicht umkippen kann. Die ganze Konstruktion wird zweckmäßigerweise auf eine feuerfeste Unterlage gestellt, damit herunterfallende Asche keinen Schaden anrichten kann. Nun müssen Sie nur noch das obere Ende des Stäbchens anzünden und die entstandene Flamme nach einigen Sekunden vorsichtig ausblasen. Die verbleibende Glut sorgt dafür, dass die Räuchermasse des Stäbchens langsam verglimmt. Die Duftmixtur der verwendeten Rohstoffe wird so gleichmäßig im Raum verteilt.

Räucherkegel

Bekannt geworden ist vor allem das Räuchermännchen als klassisches Erzeugnis der Volkskunst im Erzgebirge. Es dient zum Abbrennen der Räucherkegel, die im Lauf des 18. Jahrhunderts, in dieser Region erfunden wurden. Heute hat sich statt des Ausdrucks »Räucherkegel« auch die Bezeichnung »Räucherkerzen« eingebürgert.

Warenkunde

Beim Räucherkegel handelt es sich wie bei den Räucherstäbchen um fertige Mischungen. Obwohl auch bei Räucherkegeln Qualität und Zusammensetzung nicht immer genau zu definieren sind, kann man normalerweise von einer höheren Qualität als bei den Räucherstäbchen ausgehen. Räucherkegel bestehen meist aus Räucherpulver, das unter Beigabe von ätherischen Ölen in Pyramiden- oder Kegelform gepresst wird. Der Hauptbestandteil ist Holzpulver von aromatischen Hölzern wie Zypresse, Pinie, Wacholder, vor allem aber Sandelholz. Hinzu kommen noch Gummis, Harze und pflanzliche Bindemittel. In deutschen Räucherkerzen sind hauptsächlich die Harze einheimischer Nadelholzarten wie Fichte, Tanne, Kiefer enthalten, aber auch Myrrhe, Aloeholz, Olibanum, Sandelholz, Ambra oder Labdanum.

Anwendung

In der Anwendung erweisen sich Räucherkegel als mindestens so einfach wie Räucherstäbchen. Sie werden auf eine geeignete Unterlage gestellt (Sand, Teller, Schale) oder eben in Verbindung mit dem traditionellen erzgebirgischen Räuchermännchen benutzt. Man zündet die kleinen Kegel an der Spitze an und bläst auch hier kurz nach dem Entfachen die Flamme wieder aus. Die Glut bleibt zurück.

Räucherkegel und Räuchermännchen stammen aus dem Erzgebirge, wo heute noch die alte Tradition des Räucherns zur Weihnachtszeit gepflegt wird.

Räuchergefäße

Das althergebrachte Räuchergefäß steht auf drei Beinen, die die Trinität von Körper, Geist und Seele symbolisieren sollen. In den Tempeln des Altertums wurden – entsprechend der Teilnehmerzahl bei den Zeremonien – riesige Schalen von bis zu einem Meter Durchmesser benutzt. Als Räuchergefäße kommen bei den

Auch wenn Sie eine hitzebeständige Schale und eine nicht brennbare Unterlage verwenden, stellen Sie bei jedem Ritual Wasser bereit, falls es mal zum Brand kommen sollte.

verschiedenen Kulturen und Völkern auch andere Formen zum Einsatz. Wir kennen Kelche, Pfannen, Pokale, Vasen und Schalen zum Räuchern.

Warenkunde

Als Räucherschale können Sie nahezu jedes geeignete Gefäß nehmen. Wichtig ist nur, dass die Schale aus einem hitzebeständigen Material besteht. Dabei kann es sich um Ton, Porzellan, Keramik, Steingut oder Metall handeln.
Idealerweise hat das Räuchergefäß einen Fuß, um einen schützenden Abstand zur Unterlage herzustellen, denn es kommt zu einer beträchtlichen Hitzeentwicklung, die zum Beispiel einen Untergrund aus Holz leicht in Mitleidenschaft ziehen kann und möglicherweise sogar einen Brand auslöst. Zumindest muss sich das Räuchergefäß auf eine ausreichend dicke und feuerfeste Unterlage abstellen lassen und sicher stehen. Schalen mit runden Böden sind deshalb ungeeignet, es sei denn, man drückt sie ihrerseits in einen Behälter mit Sand. Als bestes Material für Räuchergefäße hat sich glasierter oder unglasierter Ton bewährt. Die Behältnisse werden bei hohen Temperaturen gebrannt und sind daher ausreichend hitzebeständig. Ton ist ein schlechter Wärmeleiter, und von daher werden die Schalen beim Räuchern zwar warm, aber nicht zu heiß. Zudem bleibt Ton auch unter Hitzeeinwirkung chemisch stabil und verhält sich neutral.

Räucherschalen gibt es in vielen Designs und Größen im Handel

Das ist bei Metallschalen nicht unbedingt der Fall. Sie sind zwar ebenfalls hitzefest, doch bei Legierungen, die Blei, Zinn oder andere Metalle mit relativ niedrigem Schmelzpunkt enthalten, ist Vorsicht geboten. Im ungünstigsten Fall können diese Metalle anschmelzen und toxische Gase freisetzen. Möglicherweise reagieren manche Legierungen auch mit den zu räuchernden Stoffen und bilden gesundheitsschädliche Verbindungen, die mit dem Rauch eingeatmet werden. Weiterer Nachteil von Metallschalen: Sie sind gute Wärmeleiter und werden rasch sehr heiß. Eine Metallschale kann also während des Räucherns nicht ohne Verbrennungen angefasst werden – außer man verwendet einen Topflappen.

Spezielle Anwendung

Für das private Räuchern sollte man Schalen wählen, die einen Durchmesser aufweisen, der nicht kleiner als neun Zentimeter ist. Wer Räucherungen in Gruppen durchführen will, sollte dabei die Größe des Gefäßes der Anzahl der Teilnehmer anpassen. Bei einer energetischen Reinigung von Räumen (siehe Seite 43) erweist sich zudem eine leicht zu transportierende Räucherschale als sinnvoll. Entweder Sie erwerben ein geeignetes Gerät oder stellen es selbst her.
Hier empfehlen sich Gefäße (allerdings nicht zu flach!) aus Metall, weil man sie ohne größeren Aufwand umbauen kann. Dazu muss man drei Löcher gleichmäßig um den Schalenrand herum bohren (was bei Ton- bzw. Keramikware nicht ohne weiteres möglich ist). In den Bohrungen befestigen Sie dann jeweils Ketten oder Drahtseile von ungefähr 80 Zentimetern Länge. Am anderen Ende führen Sie die drei Ketten mit einem Ring zusammen.

Mörser

Zum Zerkleinern eignet sich am besten ein Mörser, der im Handel für Apotheken- und Laborbedarf erhältlich ist (siehe Bezugsquellen Seite 93). Diese Geräte gibt es in allen Größen. Sie bestehen meist aus Porzellan, optimal ist jedoch ein Mörser aus Granit oder anderem Stein.

Dekorative und funktionelle Mörser kann man auch in Bioläden kaufen.

Anwendung

Liegen die Räucherstoffe nicht bereits in Pulverform vor, dann empfiehlt es sich, die Stücke in einem Mörser zu zerkleinern. Dadurch wird die Oberfläche vergrößert, und die wirksamen Substanzen können leichter freigesetzt werden.
Bei Mischungen mit Harzen ist das Zerstoßen der Stoffe zu Pulver ohnehin vor dem Verräuchern erforderlich. Es ist jedoch davon abzuraten, die Stücke schon auf Vorrat zu zerkleinern, denn sonst verlieren sie bereits während der Lagerzeit ihr kostbares Aroma. Warten Sie mit dem Zerstoßen des Harzes bis unmittelbar vor Beginn des Räucherns.

Harze sollten erst am Tag der Rauchzeremonie im Mörser zerkleinert werden, da sie sonst schon vorher wertvolle Aromastoffe verlieren!

Zange

Für Räuchereien eignet sich am besten eine spitze, lange Metallzange oder eine Pinzette mit entsprechenden Eigenschaften. Fündig werden Sie im Fachhandel für Medizin- und Laborbedarf (Bezugsquellen siehe Seite 93). Wegen der guten Wärmeleitfähigkeit von Metall ist es vorteilhaft, wenn der Griff des Instruments isoliert ist.

Bei der Räucherkohle müssen Sie zwar nicht unbedingt auf spezielle Räucherware zurückgreifen. Die im Handel angebotenen Kohletabletten sind jedoch sehr praktisch.

Anwendung

Entzünden Sie die Räucherkohle über der Flamme, brauchen Sie etwas, womit Sie die Kohle so lange festhalten. Nach dem Räuchern müssen Sie die Kohle aufnehmen und in Wasser ablöschen können. Und oft werden Sie auch während der Zeremonie das Räucherwerk in der Schale neu zurechtlegen. Das können Sie mit der richtigen Zange problemlos erledigen.

Räucherkohle

Die im Fachhandel erhältliche, speziell für das Räuchern gedachte Kohle wird gewöhnlich in abgepackten Rollen verkauft und hat die Form von großen Tabletten. Die einzelnen Tabletten besitzen eine Einbuchtung auf der Oberseite für das Auflegen der Räucherzutaten.

Es gibt diese Kohletabletten in verschiedenen Größen, die entsprechend zur Dauer der Räucherung gewählt werden können. Damit sie leichter zu entzünden sind, enthalten die Tabletten oftmals chemische Hilfsmittel. Beim Verbrennen kann sich deshalb zunächst ein spezifischer Geruch entwickeln.

Als Räucherkohle eignet sich aber auch ganz einfach glühende Holzkohle, wie sie beispielsweise zum Grillen im Freien verwendet wird. Unter Umständen müssen diese Holzkohlenstücke aber erst vorher auf die für das Räuchergefäß passende Größe zerkleinert werden.

Wer aber zum Räuchern auf jeden Fall reine und geruchsneutrale Kohle wünscht, der sollte auf die feine Ware aus Japan zurückgreifen.

Gebräuchliche Räucherstoffe auf einen Blick

Gebrauchsfertige Mischungen zum Räuchern: Sind im Handel in unterschiedlichster Zusammensetzung erhältlich (siehe Bezugsquellen Seite 93).

Gebrauchsfertige Räucherstäbchen oder -kegel: Mit der Qualität ist es hier leider nicht immer zum Besten bestellt.
Stäbchen oder Kegel eignen sich durchaus für bestimmte Gelegenheiten, doch wer das Räuchern ernst nimmt, der wird sich auf Dauer damit nicht zufrieden geben. Außerdem können diese Mischungen naturgemäß nicht individuell ausfallen.
Für den Anfänger ist es daher ratsam, die reinen Räucherstoffe erst einmal einzeln auszuprobieren.
Anschließend kann man sich selbst ganz gezielt eine individuelle Mischung zusammenstellen.

Getrocknete Pflanzenteile: Grundsätzlich lassen sich alle ungiftigen Pflanzen zum Räuchern verwenden. Voraussetzung ist, dass das Material gut getrocknet ist. Andernfalls entwickelt sich nicht nur der erwünschte Rauch, sondern auch störender Qualm. Viele Kräuter und Pflanzen, die sich zum Räuchern eignen, wachsen auch in unseren Regionen. Sofern man sich etwas in der Botanik auskennt, kann man sich in Wäldern, auf Feldern und Wiesen selbst auf die Suche machen und die Ernte in ihrer Rohform verräuchern. Vergewissern Sie sich aber vorher, dass die Pflanzen nicht durch Herbizide verunreinigt wurden. Besonders geeignet sind entweder selbst gesammelte oder auf dem Wochenmarkt gekaufte Pflanzen wie zum Beispiel Beifußkraut, Salbei, Sage, Tulasikraut, Rosmarinzweige, Fabianakraut, Thymianzweige, Sweetgrass, Myrtenzweige, Tannenzweige (echte Tanne!), Wacholderzweige, Zypressenzweige (Spitzen), Kaneelzweige, Aloeholz, Sandelholz, Kassiarinde, Zimtstangen, Vetiverwurzeln, Hanfblüten.

Pflanzen in besonderer Zubereitung: Andere Pflanzen bzw. deren gewünschte Bestandteile sind nur über den Fachhandel erhältlich. Das gilt für Harze und Gummis. Manche Räucherstoffe sind in Pulverform, andere in flüssiger Form erhältlich.

Ätherische Öle: Zu den flüssigen Räucherstoffen zählen auch ätherische Öle. Da diese Öle normalerweise aber leicht entzündlich sind, gibt man sie nicht direkt auf die Glut, sondern mischt sie vorher zum Beispiel mit Gummiarabicum.

Nach dem Räucherritual wird die Kohle aus der Schale entfernt und mit Wasser abgelöscht. Durch den Sand bleiben im Gefäß keine Verunreinigungen von den Verbrennungsvorgängen zurück.

Vergessen Sie den Sand in Ihrem Räuchergefäß nicht, denn er schützt das Gefäß beim Räuchern vor allzu großer Hitzeentwicklung durch die Glut.

Anwendung

Wichtig ist beim Gebrauch der Räucherkohle, dass mit dem Auflegen des Räucherwerks so lange gewartet wird, bis die Kohle vollständig durchgeglüht ist. Beim Einsatz der Kohle ist außerdem darauf zu achten, dass sie stets trocken aufbewahrt und verwendet wird. Ferner sollte die Kohle nicht direkt in die Räucherschale gelegt werden, sondern auf eine dazwischenliegende, etwa zweifingerdicke Sandschicht. Der Sand schützt das Gefäß vor allzu großer Hitzeeinwirkung (besonders bei Metallschalen wichtig) und wirkt sich günstig auf die Luftzufuhr aus. Außerdem lässt sich auch das Räuchergefäß nach Gebrauch sehr viel leichter reinigen, weil keine Verbrennungsrückstände am Gefäß haften bleiben. Hier erfüllt grundsätzlich jeder einigermaßen feine Sand seine Zwecke. Man kann ihn vom Strand mitnehmen oder auch in Form von Vogelsand verwenden. Der Sand sollte aber von Verunreinigungen befreit und weitgehend keimfrei sein. Diese Voraussetzungen sind bei Vogelsand aus dem Fachhandel auf jeden Fall gegeben.

Räucherstövchen

Räucherstövchen funktionieren nach einem ähnlichen Prinzip wie Teestövchen. Wie das Teestövchen, so enthält die Konstruktion eines Räucherstövchens ein normales Teelicht. Über der Flamme ist eine Schale aus Metall (meistens aus Kupfer), in die die jeweiligen Räucherzutaten gelegt werden. Die Metallschale nimmt dabei die Wärme des Kerzenlichts auf und leitet sie an das enthaltene Räucherwerk weiter.

Statt der Schale kann auch ein feinmaschiges Metallsieb verwendet werden. Ideal ist, wenn die Schale oder das Sieb entnehmbar ist.

Anwendung

Stövchen sind eine Möglichkeit, den Einsatz von Kohle zu vermeiden. Hier erfolgt die Wärmezufuhr indirekt. Vorteil: Beim Räuchern mit Stövchen verglimmen die Stoffe nur langsam. Die Rauchentwicklung ist gering, aber nachhaltig. Dadurch kommen besonders feine Aromen zur Geltung.

Gerade bei der Verwendung von feinen Aromen bietet sich der Einsatz eines Räucherstövchens an, da beim Räuchern mit einem Stövchen durch die indirekte Wärmezufuhr die Aromasubstanzen langsamer in die Luft gelangen.

Räuchern ohne Kohle

Je nach verwendetem Räucherwerk kann auch auf die Kohle verzichtet werden. Dann werden die Stoffe direkt in der Schale angezündet und verräuchert. Allerdings kommt es dabei zu einer erhöhten Hitzeentwicklung in der Räucherschale. Verzichtet man überdies noch auf den Sand, können verkrustete Verbrennungsrückstände in der Schale verbleiben, die auch hartnäckigen Reinigungsversuchen widerstehen. Beim kohlelosen Verfahren kommt es besonders darauf an, das Verbrennen der Räucherstoffe zu vermeiden.
Tritt dieser Fall ein, kommt es kaum zur Duftentwicklung. Außerdem wird die Feuergefahr erhöht. Das Räucherwerk sollte deshalb vorsichtig (Flamme dabei zur anderen Seite abschirmen, beispielsweise mit einem Kuchenblech) ausgeblasen werden, damit es langsam weiterglimmen kann.

Räucherrituale können unterschiedlichen Zwecken dienen, aber immer wirken sie wohltuend auf Körper, Geist und Seele.

Richtig räuchern – *und was* es bewirkt

Was ist beim Räuchern zu beachten? In jedem Fall sollte die Räucherschale frei stehen und genügend Abstand zu Wänden, Decken und anderen Gegenständen haben. Das gilt ganz besonders für Gardinen und Vorhänge. Haben Sie immer die mögliche Brandgefahr im Blick, und stellen Sie deshalb sicherheitshalber einen gefüllten Eimer mit Wasser für den Notfall bereit. Beachten Sie außerdem, dass manche Räucherstoffe beim Verbrennen spritzen können. Das gilt besonders für Harze und Hölzer von Nadelbäumen. Anderes Räucherwerk geht mit einer gewissen Rußemission einher. Aus diesem Grund sollte auch der Raum, in dem geräuchert wird, vorher gut belüftet werden. Vermeiden Sie jedoch Zugluft. Wenn Sie möchten, können Sie während der Zeremonie die brennende Kerze, die ohnehin zum Anzünder der Räucherkohle dient, nicht nur als Lichtquelle einsetzen, sondern auch als weiteren Bezugspunkt für Ihre Meditation. Die Flamme einer Kerze ist ein idealer Spiegel des eigenen Bewusstseins, weil sie zugleich Kontinuität und Wandel verkörpert.

Harmonie der Sinne

Da unser Geruchs- und unser Geschmackssinn miteinander korrespondieren, sollten Sie während der Räucherzeremonie möglichst nichts zu sich nehmen. Passen wahrgenommener Geschmack und Geruch nicht zusammen, dann kann es zu Irritationen kommen. Bei übermächtigem Durst ist neutrales Mineral- oder Leitungswasser die beste Alternative. Denn auf diese Weise wird unser Geschmackssinn nicht oder kaum beeinflusst. Andererseits kann eine Intensivierung der Wahrnehmung erreicht werden, wenn Sie dieselben Wirksubstanzen in unterschiedlichen Formen anwenden. So kann ein Kraut als Räucherwerk durch den gleichzeitigen Genuss eines Tees aus diesem Kraut zu einer verstärkten Wirkung der Pflanzeninhaltsstoffe führen.

Während des Räuchern sollten Sie nach Möglichkeit nichts essen und auf neutrale Getränke wie Mineralwasser zurückgreifen, um Geruchs- wie Geschmacksnerven nicht zu irritieren.

Die Rauchzeremonie

Der Ablauf eines Räucherrituals verläuft nach den in der folgenden Tabelle aufgeführten Punkten. Bitte beachten Sie dabei immer die empfohlenen Sicherheitsvorkehrungen.

Führen Sie sich die einzelnen Schritte des Ablaufs eines Räucherrituals immer wieder vor Augen, damit sie damit bald sicher umgehen. Dann können Sie sich während des Rituals ganz auf das Wesentliche konzentrieren.

Die Durchführung des Räucherrituals

1. Stellen Sie das Räuchergefäß auf eine feuerfeste Unterlage, und füllen Sie sie zweifingerdick mit Sand. Zwar kommen Gefäße mit Fuß oder Beinen grundsätzlich ohne Unterlage aus, trotzdem sollten Sie auch hier aus Gründen der Sicherheit auch auf einen feuerresistenten Untergrund achten.

2. Legen Sie die Kohle sowie die Utensilien bereit: Streichhölzer, Kerze, Pinzette oder kleine Zange, kleinen Fächer oder ein Stück Karton, mit Wasser gefüllte Schale oder Tasse zum Löschen der Kohle, Teller zum Ablegen der abgebrannten Kohle.

3. Bereiten Sie anschließend das Räucherwerk vor, indem Sie es beispielsweise im Mörser zerkleinern und vermischen, und legen Sie es auf einen Teller oder eine Schale.

4. Zünden Sie darauf die Kerze an. Mit Hilfe der Pinzette oder der Zange nehmen Sie die Kohle, und entzünden sie Sie an der Kerzenflamme. Sobald die Kohle entfacht ist, legen Sie sie ins Zentrum der Räucherschale auf den Sand.

5. Die Entwicklung der Glut kann durch die Zuführung von Sauerstoff beschleunigt werden. Dazu brauchen Sie den Fächer bzw. den Karton. Wollen Sie die Tradition pflegen, nehmen Sie stattdessen eine Vogelfeder in ausreichender Größe. Fächern Sie sehr vorsichtig, und achten Sie auf eventuellen Funkenflug.

6. Sobald die Kohle gut durchgeglüht ist, werden die Räuchereien darauf gelegt. Für Harze und Räuchermischungen verwenden Kenner Löffel oder ähnliche Werkzeuge aus reinem Perlmutt. Dieser Naturstoff ist weitgehend unempfindlich gegen Hitze und Flammen und verhält sich abstoßend zu den Räuchersubstanzen. Es bleibt kaum etwas daran kleben.

7. Zusammen mit dem allmählichen Verglimmen des Räucherwerks feiern Sie Ihre Zeremonie. Am Schluss entfernen Sie die Kohle wiederum mit der Pinzette und löschen sie im Wasser ab.

Zeitpunkt und Atmosphäre

Bestimmte Feiertage wie Silvester, Ostern, Weihnachten, Pfingsten, die Hexennacht vor dem 1. Mai sowie eine Sonnenwendfeier um den 21. Juni herum sind besonders gute Gelegenheiten, die man zum Räuchern verwenden kann. Sie signalisieren eine Wende oder einen Neuanfang, und genau dabei kann ein Rauchritual helfen: Es fördert den Abschluss des Vergangenen und läutet die Zukunft ein.
Sie brauchen aber selbstverständlich keinen solchen besonderen äußeren Anlass abzuwarten, um zu räuchern. Denn Rauchzeremonien passen in alle Lebensumstände.
Sie können das Räuchern allein zelebrieren oder ein schönes Zusammensein mit Freunden durch das Rauchwerk bereichern. Vielfach haben Freunde, die zusammen räucherten, berichtet, dass sich ihre Beziehungen durch das Räuchern vertieft haben. Offenbar trägt das gemeinsame Räuchern dazu bei, die seelische Verbundenheit auf eine spirituelle Basis zu stellen. Bringen Sie sich nicht selbst um die Erfahrung, und lassen Sie es einfach auf einen Versuch ankommen. Gute Dienste leistet ein Rauchritual auch bei einer Gesprächsrunde, an der Personen mit konträren Charakteren und Anschauungen teilnehmen: Spannungen werden durch die Wirkung von Rauch entschärft.

Ganzheitliche Wirkung

Beim Räuchern gibt es stets mehrdimensionale Wirkungen, und zwar in doppelter Bedeutung. Das drückt sich sowohl in den unterschiedlichen und vielfältigen Eigenschaften des Rauches aus als auch in seinem Einfluss auf die verschiedenen und doch zusammengehörigen Segmente und Ebenen der menschlichen Existenz. Selbst wenn Sie nur ein einziges Ziel mit der Räucherei verfolgen, können Sie nicht verhindern, dass der Rauch stets sein gesamtes Wirkungsspektrum entfaltet. Neben der erwünschten Wirkung treten immer auch die übrigen Einflüsse eines Rauchrituals in Erscheinung. Auf welchen verschiedenen Ebenen Rauch wirkt, zeigt die Tabelle auf der folgenden Seite.

Bei der Rauchzeremonie werden immer zugleich Körper, Geist und Seele angesprochen – ob Sie wollen oder nicht. Dieses ganzheitliche Erlebnis kann unter Umständen eine intensive Wirkung auf den Einzelnen haben.

Die energetische Reinigung

Nicht nur Menschen, sondern auch Räume und Gegenstände können positive wie negative Schwingungen verbreiten.

Bereits seit Jahrtausenden wird das Räuchern zur atmosphärischen Reinigung angewendet. Und auch heute noch begegnet uns die Prozedur in Gotteshäusern und Tempeln. Jeder kennt die so genannte dicke Luft: Schlechte Stimmung, Streit, Hass, Angst und Trauer verbreiten ihre energetisch negativen Schwingungen, die regelrecht im Raum hängen. Die Anwendung von Räucherwerk kann diese negativen Schwingungen auflösen. Für das Wohlbefinden ist die Herstellung einer guten oder einer neutralen Atmosphäre in

Besonders am Arbeitsplatz ist man vielen unterschiedlichen Energien im Lauf eines Tages ausgesetzt – auch negativen.

Auf diesen Ebenen wirkt Rauch

EBENE	WIRKUNG DES RAUCHS
Geist	Rauch beseitigt hemmende Sperren durch die Reinigung des energetischen Umfeldes. Außerdem bringt er Geist und Seele in Einklang und öffnet den Blick nach innen und außen.
Seele	Rauch schafft eine seelische Balance und fördert die emotionale, authentische Empfindungsfähigkeit.
Körper	Verräucherte Heilkräuter aktivieren Gesundungsprozesse und unterstützen den Körper dabei, sich auf einen natürlichen Rhythmus (Stoffwechselvorgänge) einzupendeln.
Energie	Das Räuchern rückt Energien mit negativem Einfluss auf Menschen, Räume und Gegenstände zu Leibe. Schädliche Energieströme werden neutralisiert.
Spirituell	Durch die Umwandlung grobstofflicher Substanzen zu feinstofflichen öffnet sich beim Verräuchern der Geist für die Verbindung mit höheren Sphären.

energetischer Hinsicht äußerst wichtig – ebenso wichtig wie frische Luft oder die richtige Raumtemperatur. Energetische Strukturen, gleichgültig, ob es sich um negative oder positive Felder handelt, können sich nicht nur auf Menschen, sondern auch auf Räume und Gegenstände beziehen. Fast immer aber gehen diese Energien von einzelnen Menschen oder Menschengruppen aus. Und sie verschwinden nicht, sondern werden übertragen, bleiben in Räumen zurück und haften sich anderen Menschen und Gegenständen an.

Die Stimmung am Arbeitsplatz

Wer am Arbeitsplatz täglich mit mehreren Kollegen zusammenarbeitet, der hat meistens die Erfahrung gemacht, dass alle Anwesenden für den Zustand der Atmosphäre verantwortlich sind. Jede einzelne Person beteiligt sich, ob sie will oder nicht, am stetigen Geflecht des atmosphärischen Energienetzes.

Und es gibt immer wieder Mitarbeiter, die privaten oder beruflichen Ärger oder einfach nur mal einen schlechten Tag haben. Davor ist man auch selbst nicht gefeit. Diese Kollegen senden störende Wellen in die gemeinschaftliche Atmosphäre. Die »normale« Umgebung besteht deshalb fast ständig aus einem Energiegemisch von negativen, positiven und neutralen Schwingungen. Wenn es sich um einen Arbeitsraum mit regem Kundenverkehr handelt, wird die Atmosphäre noch weiter belastet. Man spürt förmlich, wie die positiven Energien laufend durch die ständig wechselnden und zurückbleibenden Schwingungsmuster bzw. von deren Bruchstücken abgezogen werden. Resultat ist eine Atmosphäre der Hektik, die der Konzentration auf die Arbeit alles andere als förderlich ist. Am Abend fühlt man sich dann erschöpft und ausgelaugt.

Im Normalfall verbietet es sich leider, diese belastete Atmosphäre durch eine Räucherprozedur zu reinigen – aus arbeitsrechtlichen Gründen oder weil man als »nicht ganz normal« erklärt werden würde. Hier bleibt nur die Chance einer Reinigung daheim.

Vielleicht haben Sie ja das seltene Glück und können an ihrem Arbeitsplatz ab und zu mit einer Räucherung negative Schwingungen entfernen.

Die Ursachen für »dicke Luft«

Auch in Ihrem Zuhause können unvorteilhafte Schwingungsmuster vorherrschen, die die Stimmung negativ beeinflussen und das Wohlbefinden aller Familienmitglieder stören.

- Bei der Funktionsänderung von Räumen halten sich die ursprünglichen Energiemuster eine ganze Weile. Soll beispielsweise ein Arbeitszimmer zum Schlafzimmer umfunktioniert werden oder umgekehrt, wirken die spezifischen Schwingungen, die durch die Arbeit geprägt wurden, weiter – mit der möglichen Folge, dass man im jetzigen Schlafzimmer nicht zur Ruhe kommt. Und im neuen Arbeitszimmer döst man dauernd ein, weil hier die früheren »Schlafschwingungen« weiter aktiv sind.

- Wie am Arbeitsplatz, so kann auch zu Hause die Präsenz zahlreicher Personen zu einem energetischen Durcheinander führen, das sich durch permanentes Kommen und Gehen von Bewohnern oder Besuchern noch verstärkt.

- Kam es im Raum zu heftigen Auseinandersetzungen mit starkem emotionalen Engagement oder waren womöglich sogar Hass und Aggression im Spiel, verhalten sich negativen Schwingungen wie Versicherungsvertreter: Sie zeigen sich hartnäckig und wollen nicht verschwinden. Man muss ihnen schon ausdrücklich die Tür weisen.

- Tod und Krankheit sind natürliche, gleichwohl drastische Vorgänge. Deshalb sind damit möglicherweise starke Energiewellen destruktiver Natur verbunden. Das gilt besonders, wenn der Verstorbene sehr gelitten hat oder aber ganz unerwartet oder vor seiner Zeit gehen musste. Hinzu mischen sich Energiemuster, die von den Gefühlen der Angehörigen hervorgerufen werden. Eine energetische Reinigung ist daher unerlässlich. Zu diesem Zweck genügt das Räuchern für sich genommen allerdings nur in seltenen Fällen. Vielmehr muss dieses Verfahren mit weiteren Methoden der energetischen Reinigung zusammenwirken.

Energetische Reinigung von Wohnräumen

Auch die häusliche Atmosphäre ist ständig von unterschiedlichen Energiemustern durchsetzt, weil alle Bewohner, sei es der Partner, seien es die Angehörigen oder Mitbewohner, hier ihre energetischen Schwingungen aussenden. Selbst Menschen, die zurückgezogen leben, bleiben von atmosphärischem »Smog« nicht verschont. Die eigenen Gedanken und Gefühle der vergangenen Tage bilden Energiemuster, bleiben erhalten und mischen sich unter die Muster der Gegenwart. Manche Räume sind so stark atmosphärisch belastet, dass der Aufenthalt dort fast quälend ist. Für die »dicke Luft« kann es eine Reihe von Gründen geben, die Sie in der Tabelle auf der nebenstehenden Seite aufgelistet finden.

Energetische Generalreinigung

Wenn Sie in eine neue Wohnung oder in ein Haus einziehen, dann wissen Sie normalerweise überhaupt nichts über das Leben und Verhalten der vorherigen Bewohner und über die »dicke Luft«, die in den Räumen bereits hängt. Hier ist unbedingt eine energetische Generalreinigung angezeigt. Doch jeder Mensch hat unterschiedliche Reinigungsgewohnheiten, wenn es um die Wohnung geht. Der eine putzt fast jeden Tag – mehr oder weniger oberflächlich –, der andere lässt sich einen Monat oder sogar noch mehr Zeit, dann aber putzt er gründlich. Doch gleichgültig, in welchen Intervallen der Haus- oder Wohnungsputz stattfindet: Versuchen Sie für eine Weile, jedes routinemäßige Reinemachen mit einer Räucherung abzuschließen. Möglicherweise empfinden Sie das ja als Zumutung, besonders nach einem umfangreicheren Putz. Man ist vielleicht von der Anstrengung ziemlich geschafft – und dann noch räuchern? Lassen Sie sich darauf ein. Entspannen Sie sich zunächst, trinken Sie einen Tee oder Kaffee, kommen Sie zur Ruhe. Dann bereiten Sie Ihre Räucherei vor und gehen dabei vor, wie in der Tabelle auf Seite 44 beschrieben.

Gehen Sie die Generalreinigung Ihrer Wohnung in Ruhe an, und beschließen Sie sie mit einem Räucherritual.

Die Generalreinigung unter energetischem Aspekt nimmt etwas Zeit in Anspruch, aber das sollte Ihnen Ihr Wohlbefinden wert sein.

Räume energetisch reinigen

1. Zunächst öffnen Sie alle Fenster der Wohnung und lüften gründlich. Natürlich gibt es noch umfangreichere Reinigungsrituale, aber als energetische Grundsäuberung ist das Lüften und Räuchern meist sehr effektiv.

2. Unterstützen Sie die energetische Reinigung durch einen normalen Hausputz (Staub saugen, feucht wischen).

3. Anschließend schließen Sie die Fenster wieder und bereiten die ambulante Räucherschale vor.

4. Zur Reinigung der Atmosphäre eignen sich Weihrauch, Salbei, Wacholder und Rosenblätter. Es gibt auch fertige Mischungen für die energetischen Reinigung, wie »Lawudo« oder »Zwölf-Heilige-Nächte« (siehe Bezugsquellen Seite 93).

5. Sorgen Sie dafür, dass der Rauch sämtliche Räume mit all ihren Ecken und Nischen erreicht.

6. Lüften Sie nochmals, nachdem der Rauch für einige Zeit gewirkt hat (zwei oder drei Stunden bzw. über Nacht, wenn die Prozedur am Abend durchgeführt wurde).

7. Wenn trotzdem noch negative Schwingungen der Behandlung getrotzt haben, wiederholen Sie die Räucherung. Verwenden Sie diesmal eine andere Mischung.

8. Sofern es einen Platz gibt, wo Sie wichtigen oder lieb gewonnenen Tätigkeiten nachgehen (Schreibtisch, Lesesessel, Gebetsecke), empfiehlt sich eine intensive Nachbehandlung mit speziellem Räucherwerk. Besonders geeignet dazu sind Weihrauch und Rosenblätter. Dabei muss die Räucherung nicht auf geschlossene Räume begrenzt sein. Ebenso gut können Sie Garten, Balkon oder Terrasse behandeln.

Die Prozedur hilft, die Räume energetisch zu reinigen, sie befreit auch von den unruhigen Schwingungen, die Sie während der Putzarbeit hinterlassen haben. Sie gibt Ihnen die Kraft, die aus der Ruhe kommt. Da sich auf diese Weise störende Einflüsse nie für längere Zeit halten können, verbessert sich die Wohnatmosphäre grundlegend – und Sie vielleicht mit ihr. Horchen Sie in sich hinein, vielleicht machen Sie schon bald eine erstaunliche Erfahrung:
Es kann sein, dass Sie sich frischer fühlen und in geistiger, seelischer und körperlicher Hinsicht beweglicher. Eventuell spüren Sie plötzlich genug Energie, um aufgeschobene Vorhaben endlich anzugehen, und entwickeln einen nie geahnten Schöpfungsdrang.
Vielleicht bemerken Sie nun beim Zusammensein mit anderen Menschen, dass Sie sich ungezwungener verhalten, auf Ihre authentischen Gefühle achten und diese plötzlich angstfrei zum Ausdruck bringen können.
Es lohnt sich also, die Atmosphäre ab und zu durch eine Räucherung zu säubern und das Durcheinander der Schwingungen zu neutralisieren.

Reinigung für Sonderfälle

Besonders zu empfehlen ist die Reinigungszeremonie vor einem Neuanfang, selbst wenn es sich scheinbar nur um kleine oder unwichtige Dinge handelt. Die vorausgegangene energetische Reinigung ermöglicht es, diese Dinge unbeschwert in Angriff zu nehmen. Die richtigen Situationen zum Räuchern wären also beispielsweise der Schulbeginn für Lehrer und Kinder, eine Schwangerschaft, aber auch ganz Alltägliches wie die Buchhaltung oder der Beginn des Essenkochens. Eine gereinigte Atmosphäre ermöglicht unserem Geist, sich frei und unbefangen auf die Erfordernisse des Alltags einzustellen, ohne vom alten energetischen Chaos gehemmt zu werden. Allerdings ist oft unklar, welches Räucherwerk jeweils angezeigt ist. Das liegt teils daran, dass wir nicht ohne weiteres einordnen können, mit welcher Art von Schwingungen wir es zu tun haben, teils kommt es zur Vermischung von alten und neuen Energiemustern. Dann bleibt nur, der eigenen Intuition zu vertrauen. Hören Sie auf Ihre innere Stimme, und verwenden Sie die Räucherzutaten, die Ihnen gut tun.

Jeder noch so kleine Neubeginn im Leben kann sinnvoll durch eine Reinigungszeremonie begleitet werden, damit unser Geist frisch und unbeschwert zur Tat schreiten kann.

Pflanzenteile zum Räuchern bewahrt man am besten in verschließbaren Döschen auf.

Mit einer Räucherung bringen Sie nicht nur neue Energie in Ihre Wohnung, sondern können auch eine angenehme und belebende Atmosphäre schaffen. Die wichtigsten Räucherstoffe für eine ernergetische Grundreinigung und deren spezielle Wirkung finden Sie in der nebenstehenden Tabelle.

Räucherstoffe zur enegetischen Reinigung

Olibanum ist der echte Weihrauch. Sein Name leitet sich aus den semitischen »lebona« bzw. »luban« ab, was »Reinheit« bedeutet. Bereits dadurch verweist das Harz auf eines seiner Haupteinsatzfelder, die Reinigung – sowohl energetischer als auch spiritueller Art.

Rosenblätter eignen sich vorwiegend für die zweite Nachreinigung, weil ihr feinstofflicher und zarter Charakter gut mit eventuell verbleibenden Dissonanzen auf höherer Schwingungsebene fertig wird. Ergebnis ist eine vertrauensvolle und harmonische Atmosphäre.

Rosmarin ist für seine stimulierende Wirkung bekannt. Das auch in der Küche sehr beliebte Gewürz macht destruktiven Schwingungen den Garaus. In Räumen, in denen gedankliche oder körperliche Aktivitäten angesagt sind, wie dem Arbeitszimmer, dem Fitnessraum – aber auch dem Schlafzimmer zur Einstimmung auf eine erotische Nacht –, sorgt eine Räucherung mit Rosmarin für frischen Schwung und neue Energien.

Salbei kommt zum Einsatz, wenn eine feindselige und misstrauische Atmosphäre aufgelöst werden soll. Die Indianer schreiben dem Salbei beispielsweise deshalb eine friedensstiftende Wirkung zu.

Sandarak entfaltet ähnliche Eigenschaften wie Rosmarin. Dem Harz der Gliederzypresse wird eine klärende, kräftigende und reinigende Wirkung nachgesagt. Sandarakharz kann zum Beispiel eine unheilschwangere und gespannte Atmosphäre auflösen und von krank machenden Einflüssen befreien.

Wacholder ist als einer der ältesten Räucherstoffe bekannt. Seine Bedeutung als Räucherstoff wird auch im alten deutschen Namen »Rauchholter«, Räucherstrauch, deutlich. Holz, Harz und Beeren des Gewächses werden gleichermaßen verwendet. Man räuchert mit Wacholder, um die Umgebung eines Kranken zu reinigen, die Gesundung zu beschleunigen und sich vor bösen Mächten zu schützen.

Gegenstände reinigen

Wie beim Einzug in eine andere Wohnung ist auch bei gebrauchten Gegenständen selten bekannt, ob und inwieweit sie belastenden Energien ausgesetzt waren. Die eventuell negativen Schwingungen der Vorbesitzer können sich an den betreffenden Gegenständen festgesetzt haben und ihren schlechten Einfluss verbreiten. Besonders Antiquitäten, alte Fahrzeuge, Schmuckstücke, Bücher und sonstige Schnäppchen vom Flohmarkt strahlen unter Umständen üble oder jedenfalls fremde Energiewellen aus. In diesen Fällen ist eine gründliche Reinigung ratsam, damit diese Gegenstände Ihre eigenen Energien aufnehmen können. Bei Möbeln bewirkt schon das Abwischen mit frischem Wasser einiges, doch diese Methode verbietet sich mitunter, zum Beispiel bei Polstermöbeln oder Antiquitäten, die kein Wasser vertragen. Haben Sie alte Sitzmöbel, also auch jene Stühle und Sessel, die bei Ihnen selbst schon lang in Gebrauch sind, kann wie im Folgenden vorgegangen werden:

Wer Antiquitäten liebt oder vielleicht welche geerbt hat, sollte sich darüber im Klaren sein, dass jeder dieser Gegenstände seine Geschichte hat und somit auch entsprechende Schwingungen weitertransportiert.

Nehmen Sie sich Zeit und Ruhe, um Ihre neue Wohnung oder Gebrauchtmöbel energetisch zu reinigen. Sie brauchen sich dabei nicht strikt an unsere Anleitung zu halten – folgen Sie Ihrem Gefühl!

Um sich nicht mit den alten Schwingungsmustern gebrauchter Gegenstände zu belasten, sollten Sie Sie energetisch reinigen, bevor Sie sie als neuer Besitzer in Gebrauch nehmen.

Anleitung zur energetischen Reinigung von Gegenständen

- Zunächst wird der Raum, in dem die alten Möbelstücke stehen, gründlich gelüftet. Öffnen Sie die Fenster, und schließen Sie die Türen, um eine Ausbreitung der angestauten Energien zu verhindern.
- Arbeiten Sie mit einem feuchten Lappen, Bürste, Klopfer und Staubsauger so weit wie möglich vor. Bei Polstermöbeln bewirkt das Ausklopfen auch eine Lösung und Lockerung der tief sitzenden Energiestrukturen. Unmittelbar nach dem Klopfen sollten Sie Hände und Unterarme unter fließendem Wasser abspülen, um die bereits auf Ihre Arme übertragenen Energien loszuwerden.
- Sobald Sie das Gefühl haben, dass die »aufgescheuchten« Energien weitgehend hinausgeweht sind, schließen Sie das Fenster.
- Nun kreisen Sie mit einem schwenkbaren Räuchergefäß langsam um das Möbel herum.
Fangen Sie in Bodennähe an, und arbeiten Sie sich kontinuierlich nach oben vor. Geben Sie dem Rauch ausreichend Gelegenheit, auf das Möbelstück einzuwirken. Gegebenenfalls lenken Sie den Rauch durch Fächeln an die entsprechenden Stellen.
- Handelt es sich um kleinere Gegenstände, müssen Sie kein Schwenkgefäß einsetzen. Reinigen Sie diese einfach im aufsteigenden Rauch. Solche kleineren Gegenstände können Kleidungsstücke sein oder auch Gegenstände, die Sie zu Kult- oder Heilzwecken einsetzen, wie Amulette, Heilsteine, Altarbilder oder Glücksbringer, die Sie ständig bei sich tragen.
- Abschließend nehmen Sie mit dem Räuchergefäß eine Reinigung des Zimmers vor, damit die freigesetzten Energien unschädlich gemacht werden.
- Zum Schluss stellen Sie das Rauchgefäß in der Nähe des Möbels ab und lassen es langsam von selbst ausräuchern.

Die regelmäßige spirituelle Reinigung bringt ein bestimmtes Maß an Ausgeglichenheit und Wohlbefinden mit sich.

Spirituelle Reinigung

Familienkrach, Geldnöte, Arbeitsärger, Beziehungskrise – manchmal hat jeder Mensch das Gefühl, er kommt zu kurz, steigt durch sein eigenes Chaos nicht durch. Häufig sieht man dabei den Wald vor lauter Bäumen nicht. Manchmal merkt man vor lau-

ter Verstrickung im Alltag gar nicht mehr, wie schlecht es einem eigentlich geht. Das aber macht auch den Dialog mit sich selbst schwieriger. Hier hilft Räuchern: Schon die Zeremonie um das Räuchern herum, aber auch der Rauch selbst kann die Belastungen vertreiben und zum Wesentlichen führen. Die Räucherung kann jederzeit durchgeführt werden, wenn sich das Gefühl einstellt, sich spirituell vernachlässigt zu haben.
Oft treibt uns nur der Leidensdruck dazu, etwas zu unternehmen, Dinge zu ändern. Beispiel: Erst wenn der Rücken allzu sehr plagt, sehen sich manche Menschen zu körperlicher Ertüchtigung veranlasst. Und obwohl sie wissen, dass ihnen Bewegung gut tut, hören sie damit auf, sobald es ihnen besser geht. Mit der spirituellen Reinigung verhält es sich ähnlich wie mit der sportlichen Betätigung: Am effektivsten ist eine spirituelle Reinigung in regelmäßigen Abständen, also auch wenn man sich wohl fühlt. Sie werden sicher feststellen, dass Sie dabei langfristig innere Stabilität und Ausgeglichenheit gewinnen, die Ihnen helfen, mit Stress und Belastungen besser fertig zu werden.

Zur spirituellen Reinigung eignen sich grundsätzlich alle Harzsorten wie Benzoe, Dammar, Kiefer, Lärche, Mastix und Sandarak.
Diese Räucherstoffe können jeweils für sich allein (außer vielleicht Benzoe) oder als individuelle Mischung eingesetzt werden. Im Besonderen sind die in der Tabelle auf Seite 51 aufgeführten Stoffe für eine spirituelle Reinigung geeignet.

Schaffen Sie eine Atmosphäre der Geborgenheit.

Jeden Menschen umgibt ein Energiefeld, das ihn repräsentiert und psychischen Schutz bietet. Bei sensiblen Menschen kann dieses Energiefeld jedoch durch negative Schwingungen, beispielsweise durch die Stressenergie eines Kollegen, beeinflusst werden. In diesem Fall hilft eine spirituelle Reinigung.

Ritual für die spirituelle Reinigung

1. Vor der Prozedur sollten Sie sich duschen – das ist für die spirituelle Reinigung wirksamer als Baden. Ziehen Sie anschließend frische Kleidung an.

2. Beginnen Sie nun mit der Räucherung – ganz gleich mit welchem Rauchgefäß. Ihre individuelle Vorliebe entscheidet. Als Räucherwerk eignen sich die vorgenannten Harze. Auch hier gilt: Richten Sie sich nach Ihrem persönlichen Empfinden.

3. Sorgen Sie für eine Raumtemperatur, bei der Sie sich wohl fühlen.

4. Lassen Sie sich nicht ablenken, und versuchen Sie, innere Ruhe zu finden. Hier können Meditation und Atemübungen helfen.

5. Formulieren Sie Ihr Anliegen sprachlich. Ob Sie dabei leise sprechen oder lautlos, ist gleichgültig. Rufen Sie ausdrücklich den Himmel oder Ihren persönlichen Schutzengel an, und bitten Sie um Beistand, Schutz und reine Energie für Ihre Seele.

6. Wenn Sie den Rauch einatmen, visualisieren Sie das Bild einströmender positiver und ausströmender negativer Energien.

7. Bedanken Sie sich für all die guten Dinge in Ihrem Leben. Das kann ganz banal Ihr Lieblingsbuch oder -kleid sein, ein Konzertbesuch oder ein Abend mit Freunden. Im größeren Rahmen zählen natürlich Glück in der Beziehung oder Familie sowie beruflicher Erfolg zu den Gaben des Lebens, denen Dank gebührt. Auf spiritueller Ebene könnte ein kleines Dankeschön dem Rauchritual an sich gelten: für die Erkenntnis, dass die Natur uns Mittel gibt, die wir für die Kontaktaufnahme mit dem Kosmos nutzen können.

8. Beenden Sie Ihr Ritual mit einem Gebet.

Die Pflege von Seele und Aura

Normalerweise stellen wir uns vor, dass die Grenze des menschlichen Körpers zur Außenwelt von der Hautoberfläche bestimmt wird. Das sieht allerdings nur so aus. Tatsächlich umgibt uns ein Energiefeld, das als Aura bezeichnet wird. Im Energiefeld der Aura spiegelt sich die Verfassung von Körper und Seele wider.

Räucherstoffe für die spirituelle Reinigung

Benzoe besitzt eine entspannende und beruhigende Wirkung. Es öffnet Geist und Seele, spendet Trost bei Trauer und inspiriert schöpferische Kräfte. Außerdem kann Benzoe für inneren Frieden sorgen.

Dammar entfaltet tröstende Wirkung. Das Harz des südostasiatischen Dammarbaumes erfüllt ein depressives Gemüt mit Licht und verleiht auch die Gabe der Hellsichtigkeit. Dammar eignet sich deshalb hervorragend, um mit höheren Ebenen in Kontakt zu treten.

Kiefer erwärmt »erkältete« Seelen und hebt bei Melancholie die Stimmung. Es ist Mittler für den Geist der Stärke, der Zuversicht und besänftigt den Zorn.

Lärche hilft uns, geistige Blockaden abzubauen und in Kontakt mit den höheren Wesen zu treten, die uns wohlgesonnen sind. Seit jeher werden die Kräfte der Lärche beschworen, wenn es um Erneuerung und Mut geht.

Mastix vertreibt die Müdigkeit und verhilft zu Klarheit. Der Rauch des Harzes von Mastix hilft gegen Schwermut und kann ebenfalls Hellsichtigkeit unterstützen. Er weckt die Intuition, so dass wir empfänglich werden für himmlische Botschaften und Visionen.

Mit der spirituellen Reinigung laden Sie sowohl Körper wie Geist mit positiven Energien auf.

Eventuell müssen Sie die beiden nebenstehenden Übungen zur Wahrnehmung Ihrer Aura mehrmals wiederholen, da sie großer Ruhe und Entspanntheit bedürfen – und wer hat das heute schon so ohne weiteres?

Unsere Aura stellt gewissermaßen ein äußeres Pendant zu unserem inneren Zustand dar. Der Kontakt der Seele zum Umfeld des Menschen geht wesentlich über die Aura vonstatten. Sie erfüllt gewissermaßen auch die Funktion einer Außenantenne, die senden und empfangen kann.
In der Aura treten die energetischen Schwingungen von Seele und Körper zutage, und gleichzeitig ist die Aura äußeren Energiestrahlen ausgesetzt. Fremde Energien finden ihren Weg somit über die Aura zur Seele und nehmen Einfluss auf unser Befinden. Das gilt gleichermaßen für positive und negative Energiestrahlen.
Das heißt, wir haben es mit energetischen Wechselwirkungen zu tun. Normalerweise nehmen wir die Aura,

Übungen zur Wahrnehmung der Aura

1. Halten Sie Ihre Handflächen mit einem Abstand von zehn Zentimetern gegeneinander. Spüren Sie sich das Gefühl in den Händen. Vergrößern Sie zunächst die Distanz auf 25 Zentimeter, und verringern Sie dann langsam den Abstand auf etwa zwei Zentimeter. Fühlen Sie, wie Sie einen leichten Widerstand ähnlich einem Luftpolster überwinden müssen, oder ein leichtes Kribbeln? Dann haben sich die Energiefelder Ihrer Hände berührt und durchdrungen.

2. Sorgen Sie für einen weißen Hintergrund, und halten Sie bei gedämpftem Licht Ihre Hände so, dass die Fingerspitzen mit einem Abstand von drei Zentimetern zueinander weisen. Winkeln Sie dabei Ihre Ellenbogen ein wenig an.
Richten Sie den Blick unfokussiert auf den Raum zwischen Ihren Fingerspitzen, so dass die Stelle leicht verschwimmt. Verschieben Sie Ihre Hände zueinander, so dass sich nun andere Fingerspitzen als zuvor gegenüberstehen. Wenn Sie etwas sehen, handelt es sich wahrscheinlich um Ihre Aura bzw. eine ihrer Schichten.

die uns umgibt, und ihre Farben nicht wahr, doch es gibt eine Reihe von Übungen, die dabei helfen können, sensibler dafür zu werden, die eigene Aura nicht nur zu spüren (Übungen Seite 52), sondern sogar ihre einzelnen Schichten und Farben zu sehen.

Rauch für die Aura

Unsere Aura hat jedoch auch eine wichtige Schutzfunktion, die uns vor destruktiven Schwingungen bewahren kann. Nehmen diese negativen Schwingungen allerdings überhand, dann verliert die eigene Auraenergie zunehmend an Schutzwirkung. Unterstützen Sie Ihre Aura deshalb bei der Abwehr von störenden Schwingungen, denn ein gereinigtes Energiefeld hat unmittelbaren Einfluss auf das Wohlbefinden Ihrer Seele. Deshalb ist es empfehlenswert, die eigene Aura hin und wieder zu stärken und zu reinigen, um schädliche Einflüsse abzuwehren.
Das Räuchern ist in diesem Zusammenhang eine gute Methode der Aurastärkung. Man geht dabei wie bei der energetisch-spirituellen Reinigung vor (siehe »Ritual für die spirituelle Reinigung«, Seite 50).

Rauch und Eros

Auch in Sachen Liebe, Partnerschaft und Sex kann Rauchwerk eine fördernde Rolle spielen. Häufig ist es schwierig, sich nach dem Stress des Tages abends als Liebespaar zu begegnen, den Ärger über Kollegen und Chefs oder schlechte schulische Leistungen der Kinder abzustreifen und wieder auf eine gemeinsame Basis zu kommen, in der man sich von den Alltagssorgen befreit einander zuwenden kann – sowohl seelisch als auch körperlich. Selbstverständlich suchen Partner beim anderen Trost, tätige Hilfe oder einfach nur ein offenes Ohr, wenn es um die alltäglichen Sorgen geht. Das ist so weit in Ordnung. Auch dazu ist eine Partnerschaft da. Darüber darf aber das eigentliche Wesen der Partnerschaft nicht in Vergessenheit geraten, nämlich die emotionale Bindung aneinander. Um diese Grundlagen immer wieder neu zu beleben, bedarf es einer unbelasteten Zuwendung. Räuchereien können dabei helfen. Sie können die Atmosphäre reinigen und Harmonie zwischen den Partnern schaffen. Wobei Harmonie nicht mit

Ein Räucherritual kann helfen, sich endlich einmal wieder unbeschwert vom Alltagsstress auf den Partner einzulassen.

Lassen Sie es in Ihrer Partnerschaft wieder knistern, und schaffen Sie eine positive Atmosphäre, in der die Liebe aufblühen kann.

absoluter Konformität verwechselt werden darf. Entscheidend ist vielmehr die (Wieder-)Herstellung einer gemeinsamen Basis unter Einbringung der persönlichen – und deshalb unterschiedlichen – Identität.

Rauch als Aphrodisiakum

Tatsächlich ist wissenschaftlich belegt, dass viele Räucherstoffe in ihrem Duft mit menschlichen Pheromonen korrespondieren. Hierbei handelt es sich um Botenstoffe, die mit ihrem Duft sexuelle Bereitschaft signalisieren. Sie führen quasi eine olfaktorische Attraktivität herbei. Kein Wunder also, wenn dadurch der Austausch von Zärtlichkeiten gefördert wird. Als geeignete Räucherstoffe verwendet man Labdanum Nelken, Patchouli, Vetiver, Benzoe, Rose, Adlerholz, Sandelholz sowie Safran. Ideale Liebesmischungen sind Patchouli, Sandelholz und Vetiver sowie Benzoe, Labdanum, Sandelholz und Vetiver.

Die Inhaltsstoffe der Rose gelten nicht nur in unserem Kulturkreis als aphrodisierend.

Schranken überwinden

Und wenn Sie jetzt sagen: Ich kann doch meinem Partner im Schlafzimmer nicht plötzlich mit Rauchwerk kommen? Da liegen Sie ganz falsch – zumindest, wenn es sich um einen Mann handelt. Die meisten Männer nämlich – so Umfragen – fühlen sich geschmeichelt, wenn ihre Partnerin das Schlafzimmer mit ganz neuen Utensilien versieht, sozusagen ein Liebesfest vorbereitet. Überwinden Sie sich. Vielleicht entdecken Sie in einer »alten« Partnerschaft ganz neue, aufregende Seiten!

Um die Sinnlichkeit anzuregen und die gegenseitige Verführung zu fördern, gibt es eine Reihe von unterstützenden Maßnahmen – jedenfalls wenn das intime Zusammensein mehr oder weniger geplant ist. Es kann dabei nicht anders sein, als dass sich diese Möglichkeiten ganz entscheidend nach den persönlichen Vorlieben richten. Im Allgemeinen sorgen bereits angenehme Musik und Kerzenlicht für eine entsprechende Atmosphäre. Und bekanntlich geht Liebe durch den Magen. Das Wichtigste aber ist wohl, sich viel Zeit füreinander zu nehmen und dafür zu sorgen, dass man sich im wörtlichen Sinne gut riechen kann. Dazu mögen Parfüms und andere wohlriechende Duftstoffe beitragen. Und was liegt in diesem Zusammenhang näher als ein anregendes Räucherwerk? Dabei kann weniger oft mehr sein: Räuchern Sie eher dezent, denn vom Qualm brennende Augen oder Hustenreiz können selbst die erotischste Stimmung verderben!

Rauch als Medizin

Das reine Einatmen von bestimmtem Räucherwerk kann schon per se rasche Linderung verschaffen. Darüber hinaus kommt aber gleichzeitig auch der ganzheitliche Charakter des Räucherns zum Tragen. Neben der heilenden Wirkung auf den Körper werden ebenso Geist und Seele angesprochen. So wird uns oftmals gerade während des Räucherrituals bewusst, warum wir gerade jetzt von einer Krankheit befallen werden. Häufig ist eine Erkrankung die äußere Erscheinung dafür, dass mit der Seele etwas nicht in Ordnung ist. Oder vielleicht will sie uns bei Rückenschmerzen und Nackenverspannungen mitteilen, dass wir uns zu viel aufgebürdet haben und unter der Last auch seelisch leiden. Die Ursachen können aus allen Lebensbereichen kommen, sei es Stress am Arbeitsplatz, Spannungen oder Ärger in der Beziehung oder der Familie, oder wir kümmern uns zu aufopfernd um einen kranken Angehörigen und vernachlässigen uns selbst dabei. Ein Räucherritual kann helfen, diese Zusammenhänge zu erkennen und Lösungen zu finden.
Der Rauch öffnet die geistigen Kanäle zur Verbindung mit höheren Ebenen, indem er innere Barrieren beseitigt. Damit liegen Lösungen nahe, an die wir möglicherweise nicht einmal im Traum (oder vielleicht doch?) gedacht haben.

Sich einmal richtig um sich selbst zu kümmern ist oft schon der erste Schritt zur Heilung.

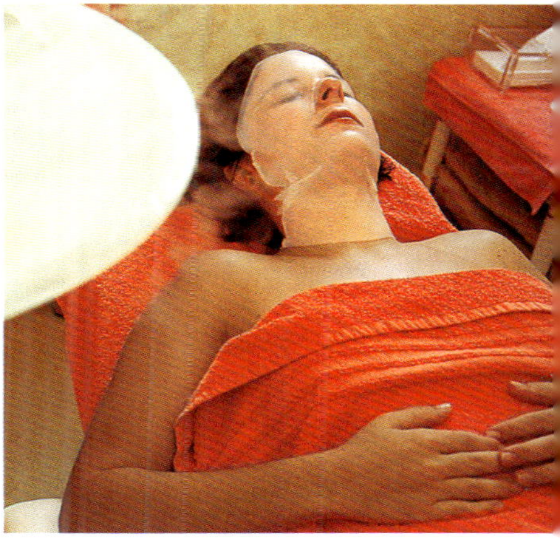

Heilende Harzräucherung

Die Natur liefert viele Rohstoffe, die in unterschiedlicher Zubereitung bei Räucherungen zu medizinischen Zwecken eingesetzt werden können. So können beispielsweise Harze sehr gut zur Linderung und Heilung körperlicher Beschwerden beitragen: Es ist wissenschaftlich belegt, dass Weihrauch einen positiven Einfluss

Erspüren Sie den Grund für Ihre Erkrankung, indem Sie Ihre innere Wahrnehmung schärfen.

Der Vorteil von Kräuterräucherungen: Wie schon erwähnt, wirken die heilenden Substanzen der Kräuter beim Inhalieren des Rauchs wesentlich schneller im Körper als bei der Einnahme in Form von Kräutertees oder Kräuterdestillaten.

auf Gelenkerkrankungen wie Rheuma und Arthritis ausübt. Wegen seiner entzündungshemmenden Wirkung eignet Weihrauch sich auch zur unterstützenden Therapie von Schuppenflechte und Asthma.
Darüber hinaus wird Weihrauch zur Beruhigung, bei Zahnschmerzen und gegen Fieber eingesetzt. Erweist sich die Krankheit jedoch als hartnäckig, sollte in jedem Fall ärztlicher Rat eingeholt werden.

Krankheiten mit Kräutern ausräuchern

Die Naturmedizin kennt neben den Harzen außerdem eine Vielzahl von äußerst wirksamen Heilkräutern und anderen Pflanzen, die unschätzbare Hilfe bei zahlreichen körperlichen Beschwerden leisten.
Oftmals sind diese gesundheitlich äußerst wertvollen Pflanzen und deren Wirkungen seit alters her bekannt und kommen auch in traditio-

Heilende Kräuterräucherungen

Geht wieder einmal eine Grippewelle um, dann können spezielle Kräuter als Gegenmaßnahme eingesetzt werden. Bei der Beurteilung von Wirkung und Anwendungsgebiet der Kräuter hat besonders Pfarrer Kneipp der Nachwelt wertvolle Erkenntnisse hinterlassen. Die von ihm empfohlenen Kräuter lassen sich ohne weiteres auch zum Räuchern verwenden.

- **Bei Erkältung helfen die auch als Tee und Aufguss bewährten Pflanzen Pfefferminze und Kamille.**
- **Bei Husten und bronchialen Erkrankungen hilft Thymian.**
- **Zum Desinfizieren eignet sich sehr gut Salbei.**
- **Bei Muskelverspannung, Schlafstörungen, Nervosität, rheumatischen Erkrankungen, Fieber und Schmerzen vielerlei Ursprungs werden traditionell andere Kräuter eingesetzt.**

neller Zubereitung als Hausmittel zum Einsatz. Wer Unwohlsein oder Krankheiten bekämpfen möchte, kann die Heilkräuter (Wirkungen siehe Seiten 58 ff. und 80 ff.), die traditionell zu Ölen, Tees und Aufgüssen verarbeitet werden, auch zum Räuchern verwenden. Die jeweilige Heilwirkung kann verstärkt werden, indem man verschiedene Anwendungen miteinander kombiniert, beispielsweise bestimmte Kräuter sowohl in einer Teezubereitung als auch in der Rauchanwendung einsetzt. Es lohnt sich allemal, hierbei auf Qualität zu achten. Stammen die Pflanzen aus der Apotheke, können Sie sicher sein, dass es sich um hochwertige Ware handelt.

Räuchern statt rauchen?

Das Räucherritual hat noch ganz andere, positive Nebeneffekte: Raucher haben berichtet, dass während des Räucherns ihr Bedürfnis nach einer Zigarette stark gesunken ist. Möglicherweise übernimmt der Rauch während des Räucherrituals eine Ersatzfunktion, oder aber die Zeremonie nimmt so in Anspruch, dass auch starke Raucher ihre Sucht vorübergehend vergessen. Das muss natürlich nicht in jedem Fall so sein, ist aber immerhin möglich. Es hat teilweise den Anschein, als würden manche Raucher mit den Zigaretten das fehlende Räucherritual unbewusst und durch die Hintertür zurückholen. Würde mancher also umgekehrt regelmäßig räuchern, so könnte das natürliche Verlangen nach Rauch dadurch gestillt werden. Mögliche Folge: Man legt auf den »blauen Dunst« in seiner Eigenschaft als unbewusste Ersatzbefriedigung weniger Wert. Wenn Sie mit dem Rauchen aufhören möchten, probieren Sie es einmal mit dem Räuchern statt dem Rauchen. Ein Versuch lohnt sich.

Räucherrituale beeinflussen auch Lebensentscheidungen unter Umständen positiv – so auch den Vorsatz mit dem Rauchen aufzuhören.

Unumgängliche Voraussetzung dafür, sich das Rauchen abzugewöhnen, bleibt natürlich immer Ihr eigener Wille. Aber ein Räucherritual kann in diesem Fall positive Unterstützung bieten.

Die Räucher-Hausapotheke im alten Schubladenschränkchen – praktisch und dekorativ zugleich.

Kleine Fibel der Räucherstoffe

Wir hatten festgestellt, dass sich die Wirkung von Räuchereien auf alle Ebenen der menschlichen Existenz erstreckt. Im Folgenden werden die Räucherstoffe nach ihrer Art unterschieden und die wichtigsten Vertreter der Gruppe mit ihren bewährten Wirkungen auf den verschiedenen Ebenen vorgestellt.

An den Feuerstellen der Urzeit liegen die ersten bewussten Dufterfahrungen des Menschen. Von dort war es nur noch ein Schritt, um auch die Heilwirkung der Düfte in Erfahrung zu bringen.

Kräuter

Das rituelle Verbrennen von Kräutern gehört zu einer der ältesten Praktiken der Menschheit. Räuchertraditionen sind so alt wie die Entdeckung des Feuers selbst. Denn beim Verbrennen unterschiedlicher Hölzer und Gräser bemerkten unsere Vorväter auch, dass die verschiedenen Düfte ganz bestimmte Stimmungen erzeugten. Und sie fingen an, das jeweilige Brennmaterial gezielt einzusetzen – ganz einfach nur zur allgemeinen Verbesserung der geistigen Atmosphäre oder als begleitendes Zeremoniell zu Gebet und Opfer.
Später fand man dann heraus, dass in den Räucherdüften nicht nur seelische und spirituelle, sondern auch körperliche Heilkräfte schlummern. Viele der ganzheitlichen Wirkungen traditioneller Räucherkräuter finden Sie im Lexikon auf Seite 80 ff.

Harze

Bei der Gewinnung von Harzen macht man sich die natürliche Eigenschaft von Bäumen zunutze, ihre Verletzungen mit dem abgesonderten Harz zu verschließen. Die Pflanze schützt sich damit auf dreifache Weise: Das Harz verhindert Infektionen, dämpft mechanische Beanspruchungen und beugt Fraßschäden vor, wenn größere Tiere sich an der Rinde zu schaffen machen, denn Harz schmeckt wegen seiner Bitterstoffe nicht besonders gut. Der Prozess der Harzabsonderung gehört zu den natürlichen Überlebenstechniken der Bäume. Der Baum gewinnt dank des Harzes Zeit, eine neue Rinde bzw. eine verholzende Vernarbung zu bilden. Eine fossile Form des Harzes stellt der begehrte Bernstein dar. Er stammt von Bäumen, die vor Millionen von Jahren auf der Erde wuchsen. Die gewonnenen Harze wurden früher für die Herstellung von Terpentinölen als Basis für Lackfarben eingesetzt. Durch die Erfindung von industriellen Kunstharzen ist man jedoch auf das natürliche Harz kaum noch angewiesen. Gleichwohl enthält Baumharz eine Reihe von wirksamen Bestandteilen, die für uns wertvoll sind – auf seelischer, geistiger, körperlicher sowie spiritueller Ebene (siehe auch Lexikon Seite 80 ff.).

Hölzer – Mythen, Mächte und Medizin

Wer einmal durch eine vegetationsarme und sonnendurchglühte Ebene marschiert ist, weiß um den trösten-

Das Wissen unserer Urahnen über die heilende Wirkung von Rauch schloss auch Harze und Hölzer mit ein, die allesamt in ihrer ganzheitlichen Wirkung zum Einsatz kamen.

Ob Harz, Holz oder Kräuter – beim Verräuchern hochwertiger Pflanzenteile werden verschiedenste heilende Wirkstoffe frei. Die Stoffe müssen vor dem Räuchern mit einem Mörser fein zerkleinert werden.

den und willkommenen Anblick eines Schatten spendenden Baumes. Kein Wunder, dass die Naturvölker dem Wald sowie dem einzelnen Baum eine besondere Bedeutung beimaßen und auch heute noch beimessen, denn Bäume spenden Schatten, bieten Schutz und Geborgenheit – und zum Teil auch Nahrung. Das Holz der Bäume ist vielen Naturvölkern gleichermaßen heilig, weil man damit doch Feuer entfachen und schüren kann. Schließlich bietet der Baum mit seinem Holz auch Schutz vor Kälte, er verbreitet Wärme und – last but not least – Wohlgerüche. Im Glauben der Kelten und Germanen waren die Wälder von Göttern und Geistern bewohnt und galten oft als heilig. Namentlich Koniferen wurde eine reinigende und schützende Wirkung gegen böse Mächte zugesprochen. So dienen traditionelle Bräuche wie das Abbrennen von Osterfeuern immer noch auch zum Vertreiben böser Geister. Darüber hinaus wusste man auch um die gesundheitlich wirksamen Kräfte der Bäume.

Die Gewinnung von kostbarem Weihrauchharz in Oman.

Düfte aus 1001 Nacht

Jeder, der schon mal einen Tannen- oder Fichtenzweig im Sommer in ein Lagerfeuer oder im Winter in ein Kaminfeuer geworfen hat, nimmt den wunderbaren Duft von Holz, Baumharz und Nadeln wahr. Trotz ihres angenehm würzigen Geruchs sind einheimische Hölzer jedoch beim Räuchern weniger weit verbreitet als so manches exotische Holz wie zum Beispiel Sandelholz. Das Holz des aus dem indischen Raum stammenden Gewächses steht ganz oben auf der Beliebheitsskala der Räucherstoffe: Es bereichert sowohl viele selbst gemachte Rezepturen als auch zahlreiche bereits gebrauchsfertige Duftmischungen.

Warenkunde Hölzer

Hölzer werden zweckmäßig in kleinen Stücken oder als Pulver verräuchert. Gehen Sie sicher, dass Sie es mit unbehandelter und trockener Ware zu tun haben. Sofern Sie Zweige oder Rinde von Sträuchern oder Bäumen selbst sammeln, »operieren« Sie fachgerecht, um die Gewächse nicht irreparabel zu schädigen. Holen Sie im Zweifel fachlichen Rat ein.

Pflanzenmix – Früchte, Blüten, Blätter

Im Prinzip eignen sich alle bekannten Heilpflanzen zum Räuchern. Ausgenommen von dieser Regel sind nur Pilze und Pflanzen, die eine berauschende Wirkung auf den Menschen haben könnten. Denn das kann speziell bei der Verbrennung durchaus gefährlich werden.

Im Allgemeinen gilt hier jedoch: Bei Heilpflanzen kann nahezu jeder Teil des Gewächses, egal ob Blüten, Blätter, Stängel, Samen, Staubgefäße oder Wurzeln, für Räucherungen verwendet werden.

Wie auch Kräuter und Harze so entfalten die unterschiedlichen Pflanzenteile ihre Heilwirkungen auf gesamtheitlicher Ebene – im seelischen, geistigen und spirituellen ebenso wie im körperlichen Bereich.

Bei eigenen Versuchen sollte man jedoch streng darauf achten, dass es sich bei dem ausgewählten Pflanzenmaterial wirklich um Heilpflanzen handelt. Der Blick in die einschlägige Fachliteratur kann Sicherheit geben, will man eine indivuelle Räucherung mit einer neuen Pflanze bzw. Pflanzenteilen ausprobieren.

Obwohl das Wissen um die Kraft einzelner Pflanzenteile oder eines Gemischs von Pflanzen seit Urgedenken von Generation an Generation weiter gegeben wurde, ist es auch heute noch möglich, neue Pflanzen in ihrer Wirkungsweise zu entdecken.

Da nicht nur ein Wirkstoff einer Pflanze oder eines Harzes zum Tragen kommt, ist es sinnvoll, sich vor dem Räuchern über die Zusammensetzung an Naturheilstoffen in den Räuchersubstanzen zu informieren.

Räucherspecials

Jede einzelene Räucherzeremonie wirkt ganzheitlich auf Körper, Geist und Seele. Mit bestimmten Räucherstoffen können Sie diese besondere Eigenschaft von Räucheranwendungen sogar noch potenzieren. Denn in so manchem Rauchwerk steckt ein Cocktail an Naturheilstoffen. Und die können zudem nicht nur als Rauch, sondern auch als Tee oder Saft, Öl oder Creme, Badezusatz zu Voll- oder Dampfbädern ihre wohltuende und heilende Wirkung entfalten. Wir haben im Folgenden aus jeder Gruppe, also aus dem Bereich Kräuter, Harze, Hölzer und Pflanzenteile, ein solches Multitalent zum Räuchern ausgewählt und vorgestellt.

Tipp: Bad und Räucherung mit Salbei lassen sich miteinander wunderbar kombinieren.

Salbei (Salvia officinalis)

Bereits der Name »Salbei« deutet auf eine medizinische Sonderstellung unter den Arzneipflanzen hin: Er geht auf das lateinische Verb »salvia« (von »salvare«: heilen) zurück. Ein arabisches Sprichwort behauptet sogar, dass derjenige, der Salbei im Garten habe, unsterblich sei.

Auch bei den Indianern Nordamerikas spielt der Salbei eine wichtige Rolle bei den rituellen Räucherungen. Salbei kommt in großem Artenreichtum vor, sowohl in Asien und in Europa als auch in Amerika. Die Pflanze gehört zur Familie der Lippenblütler. Neben dem Echten Salbei, auch Edel- oder Gartensalbei genannt (*Salvia officinalis*) kennen wir den Weißen und Schwarzen Salbei, den Eschenblattsalbei sowie eine spezielle Salbeiart, die Chia genannt wird.

Inhaltsstoffe des Salbei

Die Blätter des Echten Salbei enthalten ätherische Öle , wie zum Beispiel Thujon, dem eine berauschende

Wirkung nachgesagt wird, außerdem Cymol, Cineol, Borneol, Gerb- und Bitterstoffe, Harz, Flavonoide, Mineralstoffe und eine Reihe weiterer Substanzen. Mit ihren Inhaltsstoffen und deren spezifischer Zusammensetzung nimmt der Salbei unter den Heilpflanzen eine Stellung ersten Ranges ein. Die Natur hat dem Menschen damit ein unnachahmliches Geschenk spendiert.

Wirkung von Salbei

Salbeitee, als Aufguss aus den getrockneten Blättern, hat leicht antiseptische Wirkung, wirkt harntreibend und blutstillend. Er wird außerdem gern bei Erkältungen, Stoffwechselproblemen, schlecht heilenden Verletzungen und Fieber eingesetzt. Salbei als Tee oder als Kräuteressenz in Bonbons ist wegen seiner schleimlösenden Eigenschaften ein beliebtes und wirksames Hustenmittel – auch bei Bronchitis. Bei Halsschmerzen erweist sich Salbei als extrem wirksam. Er fördert die Verdauung. Besonders bei fetten Speisen kann sparsam zugefügter Salbei helfen. Die Pflanze wirkt außerdem schweißhemmend. Indianer nutzen diese Eigenschaft, um allzu großen Flüssigkeitsverlust beim Aufenthalt in wasserarmen Gebieten zu vermeiden. Salbeiöl ist stark antibiotisch und adstringierend. Deshalb ist es der Klassiker bei entzündlichen Erkankungen in Mund, Hals oder Rachen. Auch in der Schönheitspflege schätzt man das Öl: zur Pflege und Straffung von trockener Haut.

Heilen mit dem Rauch des Salbeis

Auch beim Räuchern entfaltet der Salbei seine heilenden Eigenschaften – und das schon seit Urzeiten. So setzten die Hopi den Salbeirauch als Mittel bei Epilepsie und Bewusstlosigkeit ein. Über seinen positiven Einfluss auf körperliche Leiden hinaus reinigt Salbei außerdem die energetischen Sphären. Störende Schwingungen in der Atmosphäre oder der Aura, besonders durch Konflikte, werden durch Salbeirauch effektiv beseitigt, das innere Gleichgewicht kann wieder hergestellt werden. Im Volkstum galt die Pflanze gar als Mittel, böse Geister und Dämonen zu vertreiben. In der ayurvedischen Medizin werden dem Salbei beruhigende, entspannende und klärende

Eine der seit Jahrtausenden bekannten Arzneipflanzen ist der Salbei, der mit seinen vielfältigen Einsatzmöglichkeiten durchaus als Multitalent unter den Arzneipflanzen bezeichnet werden kann.

Eigenschaften auf geistiger, seelischer und spiritueller Ebene zugeschrieben. Er eignet sich deshalb gut als Räucherei zur Meditation und Askese. Nach indianischer Vorstellung stiftet der Weiße Salbei Frieden, sein Rauch begleitet Gebete und andere rituelle Handlungen.
Auch zur Reinigung von Räumen ist Salbei ideal: Früher wurden deshalb in Europa Krankenzimmer gern mit Salbei ausgeräuchert, um Keime abzutöten. Und auch heute noch empfehlen erfahrene Rauchexperten Salbei als ideales Naturmittel zur Desinfektion von Räumen.

Lange vor dem Einsatz in der christlichen Liturgie war der Weihrauch schon bekannt und wurde als Allheilmittel in den verschiedensten Kulturen hoch geschätzt.

Weihrauch (Olibanum)

Die meisten verbinden Weihrauch automatisch und sogar ausschließlich mit der Liturgie des Christentums. Doch Weihrauchräucherungen als Begleitung und Bestandteil ritueller Gebräuche gab es schon so weit vorher, dass sie gewissermaßen zum kulturellen Erbe der alten Welt gehören. Das Räuchern trat seinen Siegeszug bereits im antiken Griechenland und Rom an und gelangte erst nach einer langen Reise – durch viele Länder und Jahrhunderte – in die christlichen Kirchen. Anfang des 9. Jahrhunderts, zur Zeit Karls des Großen, wurde auch anlässlich der so genannten Gottesgerichte mit Weihrauch geräuchert. Vermutlich erfüllte die Adaption traditioneller Gepflogenheiten durch die Kirche auch eine einheits- und identitätsstiftende Funktion, die eine größere Nähe zu den Teilen der Bevölkerung herstellen sollte, die noch nicht zum christlichen Glauben übergetreten waren. Denn der christlichen Kirche waren Räucherrituale ursprünglich fremd, nicht aber den Hebräern. So ist im Alten Testament von Weihrauch als heiligem Räucherstoff die Rede.

Botanik und Gewinnung

Im üblichen Sprachgebrauch handelt es sich bei der Bezeichnung »Weihrauch« um einen irreführenden Sammelbegriff, der sowohl verschiedene Harzarten als auch unterschiedliche Räuchermischungen umfasst. Der echte Weihrauch jedoch wird aus einer bestimmten Harzart gewonnen. Nur der Baum der Boswellia liefert das Olibanumharz als Rohstoff des klassischen Weihrauchs. Dieses Balsamstrauchgewächs wird deshalb auch Weihrauchbaum genannt. Die Gattung der Boswellia besteht allerdings aus einer Vielzahl von Arten. Das heute handelsübliche Olibanum wird gewöhnlich von der *Boswellia carteri*, einer in Persien, Oman und Somalia heimischen Art, gewonnen. Zur Harzgewinnung stehen ausschließlich wild wachsende Gewächse zur Verfügung. Zur Ernte wird die Rinde des Baums mit einem besonderen Messer (Mengaff) über eine Länge von fünf Zentimetern angeschnitten. Aus diesen Wunden tritt ein milchartiger Saft, der unter Sonneneinwirkung zu Harz gerinnt und aushärtet. Das Harz wird abgeschabt, gesammelt und gelangt zur Weiterverarbeitung. Die höchste Qualität wird nicht bereits nach der ersten Harzbildung erzielt, sondern meist erst nach der dritten.

Inhaltsstoffe und Wirkung

Gemein ist allen Olibanumsorten, dass sie neben dem Harz auch Gummi, Bitterstoffe und verschiedene ätherische Öle enthalten. Diese Öle setzen sich unter anderem zusammen aus Borneol, Camphen,

Ähnlich wie bei den Räucherstäbchen gilt auch für den Weihrauch: Nicht jeder Weihrauch ist von gleicher Qualität. Erst die dritte Schabung an der Rinde des Weihrauchbaums bringt die beste Erntequalität.

Das getrocknete Wundharz des Boswellia-Strauchs ist der Rohstoff für den echten Weihrauch.

Neben vielerlei medizinischen Einsatzmöglichkeiten kann Weihrauch auch als Badezusatz verwendet werden, um Hautentzündungen und Ekzemen wirkungsvoll zu begegnen.

Weihrauch wirkt euphorisierend und gleichzeitig besänftigend und ausgleichend.

Candinen, Dipenten, Limonen, Olibanol, p-Cymen, Phellandren, Pinen, Verbenol und Verbenon.
In der Aromatherapie vertreibt Weihrauch Fieber, Kopfschmerzen und Depressionen. Als Massageöl hilft er bei Krämpfen und Menstruationsbeschwerden – und gilt als Geheimwaffe gegen Zellulite. Mit Weihrauchinhalationen bekämpft man zudem Erkältungskrankheiten diverser Art. Umschläge versprechen Linderung bei Zerrungen und Verstauchungen sowie bei Sonnenbrand.
Man kann sogar in Weihrauch baden, denn das soll bei Schuppenflechte, Hautentzündungen und Ekzemen wahre Wunder wirken.

Heilen mit Weihrauch

Weihrauch ist der Klassiker und das Multitalent unter den natürlichen Heilstoffen: Auf körperlicher Ebene heilen und lindern Räucherungen Asthma, bronchiale Entzündungen, Arthritis, entzündliche Darmerkrankungen ebenso wie grippale Infekte, Erkältungen und Husten. Auch die Wirkung auf die Psyche ist vielfältig: So soll Weihrauch depressive Verstimmungen, Ängste, negative Energien und Stress bekämpfen. Er sorgt für erholsamen Schlaf und angenehme Träume. Und auf spiritueller Ebene gilt er als Universalmittel zur Förderung von innerer Sammlung, von Gebet und Meditation.
Optimal ist er auch für atmosphärische Reinigungen: Er vertreibt Keime und unangenehme Gerüche ebenso wie schlechte Schwingungen von Konflikten und Sorgen in Räumen. Speziell werden Weihrauchrituale daher in Krankenzimmern oder Prüfungsräumen empfohlen.

Kleine Warenkunde Weihrauch

Beim Kauf von Weihrauch lohnt sich ein Gespräch mit Ihrem Apotheker oder Fachhändler (Bezugsquellen, Seite 93). Denn der handelsübliche Weihrauch besteht gewöhnlich aus einer Mixtur verschiedener Harze und anderer Zutaten. Leider gibt es keine einschlägigen Handelsvorschriften über den Mindestanteil von echtem Weihrauch in den Endprodukten. Deshalb ist für den Laien nicht ohne weiteres erkennbar, ob es sich um reinen Weihrauch handelt oder ob das betreffende Produkt nur einen bestimmten – oft bloß geringen – Anteil an Weihrauch enthält. Weiterhin gilt beim reinem Produkt noch zu unterscheiden, mit welcher Qualität man es zu tun hat. Meist erkennt es der Verbraucher erst beim Räuchern: Beste Ware zeichnet sich durch ein helles und leicht zitrusähnliches Aroma aus, während das Harz minderer Qualität einen muffigen Geruch verströmt. Dann ist es vermutlich das Produkt der ersten oder zweiten Harzbildung, das zudem nicht gut abgelagert wurde. Zur Herstellung der individuellen Weihrauchmischung (Vorschläge im Rezeptteil, Seite 74 und 77 ff.) empfiehlt es sich, eine gute Harzqualität zu verwenden. Zwar ist das kostspieliger, verspricht aber ungetrübten Genuss. Suchen Sie sich einen Händler Ihres Vertrauens.

Sandelholz (Santalum)

Grundsätzlich unterscheidet man zwischen dem Roten und dem Weißen Sandelholz. Beide Arten sind botanisch nicht miteinander verwandt. In ihren jeweiligen Wirkungen ähneln sie sich jedoch, wobei das Rote Sandelholz besser zur äußerlichen, das Weiße Sandelholz dagegen besser zur innerlichen Anwendung geeignet sein soll. Das Rote Sandelholz wird zum Räuchern meist nur wegen seiner schönen Farbe und seines angenehmen Holzdufts eingesetzt. Beim ostindischen Weißen Sandelholz (*Santalum album*) handelt es sich um Sandelholz im engeren Sinn. Daneben gibt es innerhalb der Sandelholzgattung eine Reihe von weiteren Arten, die im Wesentlichen nach ihrer regionalen Herkunft (Neukaledonisches, West- bzw. Südaustralisches, Japanisches Sandelholz u. v. m.) benannt sind. In Indien steht der Baum in enger Beziehung zu Shiva, einem der drei Hauptgötter. Diese Zuordnung kommt nicht von ungefähr: Shiva verkörpert nach indischem Glauben auch destruktive und

Alle Sandelholzarten duften gut, aber nur das Weiße Sandelholz besitzt auch deutliche Heilwirkung.

Viele behaupten, dass das duftende Sandelholz eines der schönsten Geschenke Indiens an die Welt des Duftes sei.

In der indischen Liebeskunst nimmt das Sandelholz einen wichtigen Stellenwert als Aphrodisiakum ein – machen auch Sie sich dieses Wissen zunutze.

Wacholder hat nicht nur bei Atemwegserkrankungen lösende Wirkung, sondern auch auf der seelischen Ebene: Sein Duft hilft, sich von festgefahrenen Verhaltensmustern zu lösen.

zerstörerische Aspekte. Und die stecken gewissermaßen auch im Sandelholz. Denn beim echten Sandelholzbaum handelt es sich um einen Teilparasiten. Obzwar zur eigenen Photosynthese fähig, zapft er die Wurzeln anderer Bäume an und bezieht daraus Nährstoffe, die er nicht selbst bilden kann.

Allgemeine Wirkung

Als Medizin eingenommen wirkt Sandelholz bei Fieber, Kopfschmerzen und Schwellungen. Das Öl wird bei vielen Erkrankungen der Haut äußerlich aufgetragen. Haupteinsatzgebiet des Öls ist jedoch der psychisch-emotionale Bereich. So soll der Duft Depressionen, Angst und Stress vertreiben. Er wirkt entspannend und beruhigend und sorgt für einen erholsamen Schlaf. Und nicht zu vergessen: Sandelholzöl gilt als klassisches Aphrodisiakum!

Heilen mit Sandelholz

Ebenso wie der Duft des Öls soll auch der Duft des Rauchwerks sexuelle Energien wecken. Rauchrituale mit Sandelholz laden außerdem zu Meditation und Yogaübungen ein, weil sie den Egoismus in Schach halten und das dritte Auge öffnen.
Es heißt auch, der Duft von Sandelholz vertreibe böse Geister und entfalte eine überaus reinigende und schützende Wirkung auf die Aura.
Und zudem sollen Sandelholzräucherungen fördernd auf die menschliche Intelligenz wirken.

Wacholder (Juniperus communis)

Herausragend unter den Früchten, die für Räuchereien geeignet sind, sind die Beeren des Wacholders. Die Kulturen der Vor- und Frühgeschichte verehrten den Baum als heilig. Man schrieb ihm magische und lebensspendende Kräfte zu. Im Mittelalter soll der Wacholder selbst dem Teufel Einhalt geboten haben.
Die Pflanze nahm im europäischen Mittelalter damit eine ähnliche Stellung ein wie der Weihrauch im nahöstlichen Raum. Tatsächlich wurde der Wacholder auch »falscher Weihrauch« genannt. Bis in die heutige Zeit hinein werden Beeren und Harz vor allem bei rituellen Räucherungen noch als Ersatz für den Weihrauch verwendet.

Der Wacholder ist praktisch auf der ganzen Erde verbreitet. Wir kennen den Gemeinen Wacholder in Europa und Asien, den Amerikanischen Wacholder (irrtümlich auch Cedar) auf dem amerikanischen Kontinent und den Hochgebirgswacholder im asiatischen Raum.

Allgemeine Wirkung

Im Alltag begegnen uns die schwarzblauen Wacholderbeeren als traditionelles Würzmittel für Wildgerichte jeder Art. Gut dosiert den Speisen zugemischt wirken sie wohltuend auf Magen und Verdauung. Und das Destillat der vergorenen Wacholderbeeren kennen wir als Gin.
Aber auch in der Naturmedizin finden Wacholderbeeren vielseitige Verwendung. Ihr ätherisches Öl leistet beispielsweise nicht nur bei Beschwerden der gesamten Verdauung wertvolle Hilfe, sondern wegen seiner schleimlösende Eigenschaften auch bei Atemwegserkrankungen. Das Öl der Wacholderbeere hilft dem Stoffwechsel wieder auf die Beine und verschafft Linderung bei Rheuma. Der Duft des Öls hat ebenso positive, aromatherapeutische Wirkungen auf die Psyche: Es erleichtert die Loslösung von alten und negativen Verhaltens- und Gedankenmustern.

Heilen mit Wacholder

Eine Räucherung mit getrockneten Wacholderbeeren und Wacholderholz reinigt Atmosphäre und Sinne gleichermaßen. Er bringt frische Energie und Offenheit für Neues. Der Rauch bannt negative Schwingungen und vertreibt übel wollende Geister. Das Harz der Wacholderpflanze ist auch ideal zur Räucherung in Krankenzimmern: Es wirkt stark desinfizierend.

Vom Wacholder können alle Teile zum Räuchern verwendet werden.

Aus den Kulturen des nahen und mittleren Ostens und aus Asien sind exklusive Rezepte für das Räuchern überliefert.

Rezepte *rund um den* Rauch

Die genaue Zusammensetzung bestimmter Rauchrezepturen bleibt für uns vielfach ein Geheimnis. Sie sind uns ausschließlich in mündlicher Form überliefert und auch dann nur in eingeweihten Kreisen. So sind heute zum Beispiel in Afrika, Amerika und Australien noch aktive Schamanen anzutreffen, die ihre Rezepte nur von Generation zu Generation weitergeben. In ähnlicher Weise hüllen sich in Sachen Räuchern die Tempelhüter der buddhistischen Kulturgemeinschaft in Schweigen. Im Folgenden wollen wir Ihnen klassische Rauchrezepturen vorstellen, denen weltweit und kulturübergreifend eine hohe Bedeutung zukommt.

Die persönliche Rezeptur finden

Die in den folgenden Rezepturen enthaltenen Kräuter, Harze oder Hölzer kann jeder an sich selbst testen. Die Entscheidung über das Rauchwerk trifft dann ohnehin der persönliche Geruchssinn. Eingeschworene Anhänger des Räucherns sind davon überzeugt, dass jeder die richtige Mischung für sich finden wird. Man muss hierfür nur am Ball bleiben und immer wieder den Mut zum Probieren aufbringen. Diese Suche nach dem persönlichen Rezept für das Rauchwerk soll besonders dazu geeignet sein, die Entwicklung des Individuums anzuregen, bis es dem Rauchwerk gewachsen ist.
Wer weiß: Vielleicht eröffnet der Rauch ja bei Ihnen alte Erinnerungen an ein Leben vor diesem, denn Kenner der Materie behaupten, dass der olfaktorische Sinn der ist, den unsere Seele auf ihrer Wanderung – durch mehrere Leben und Daseinsstufen – behält und der in der Erinnerung bewahrt wird.

Die Probe aufs Exempel

Was für den einen Duft, kann für den anderen ein übler Geruch sein. Das gilt beispielsweise nicht nur für Parfums, sondern auch für das Räuchern. Auch hier entscheidet der persönliche Geschmack. Denn: Ein Rezept kann noch so ausgeklügelt sein, wenn Sie den Geruch als unangenehm empfinden, wird auch der Inhaltsstoff des jeweiligen Rauchwerks nicht viel bei Ihnen bewirken können. Deshalb liegt es nahe, zunächst die Räucher-

Neben dem Einsatz von bewährten klassischen Rauchrezepturen sollten Sie im Lauf der Zeit auch Ihre eigenen Rezepturen entwickeln, da sie mit Ihren individuellen Mischungen mehr Intensität bei einem Rauchritual erzielen können.

Bei der Suche nach Ihrer ganz persönlichen Räucherrezeptur müssen Sie schon etwas Zeit und Geduld mitbringen. Sie kommen hier um die alte Weisheit – Probieren geht über Studieren – nicht herum.

stoffe zu versuchen, die Ihnen bereits anderweitig vertraut sind und die Sie gern mögen. Lieben Sie den Geruch von Wald, empfiehlt sich eine Räucherei mit getrockneten Tannennadeln oder Ähnlichem.
Andererseits kann es aber vorkommen, dass Sie eine Räucherei mit einem Duft schätzen lernen, die Sie vom Essen oder Trinken her nicht mögen. Viele Menschen ekeln sich zum Beispiel vor Kamillentee, empfinden aber eine Räucherei mit den Blüten als äußerst angenehm.

Exkurs durch das Rauchwerkangebot

Es gibt eine schier unglaubliche Anzahl von Räucherstoffen und Rezepturen. Dadurch, dass das Räuchern über alle Kontinente verbreitet war und ist, haben die verschiedensten Pflanzen und Traditionen natürlich auch Eingang in die kulturelle Überlieferung von Rauchritualen gefunden. Leider hilft diese Aussage uns kaum bei der persönlichen Auswahl der Räucherstoffe – im Gegenteil. Trotzdem gibt es für jeden Menschen bestimmte Substanzen und Mischungen, die er früher oder später favorisieren wird. Dabei hilft nur die eigene Nase, das heißt: testen, testen, testen. Angesichts des reichhaltigen Angebots an Harzen und Hölzern, Blüten und Kräutern ist das oft gar nicht so leicht. Mit einem Konzept und einer Systematik können Sie sich jedoch gezielt und stressfrei Ihrem Lieblingsräucherwerk nähern.

Grundverfahren Räuchermischung

Das hier vorgestellte Verfahren der Mischung von Harzen mit anderen Zutaten bezieht sich in erster Linie auf die Herstellung auf Vorrat. Bei einer Verarbeitung auf Vorrat müssen Sie die Harze jedoch erst verflüssigen, um andere Zutaten mit ihnen mischen zu können.
Es spricht jedoch nichts dagegen, alle Bestandteile – also auch die beteiligten Harze – erst unmittelbar vor dem Räuchern im Mörser zu pulverisieren und anschließend zu mischen. Auf eine Verflüssigung der Harze wird dann ganz verzichtet.
Beim Räuchern beachten Sie bitte die Punkte in der Tabelle auf Seite 73.

Anleitung für das richtige Räuchern

1. Sind Sie noch Anfänger sein sollten, dann räuchern Sie die betreffenden Substanzen zum Kennenlernen zunächst in purer Form, also unvermischt.

2. Wiederholen Sie gelegentlich eine bestimmte Räucherei, und prüfen Sie, ob sich bei Ihnen die gleiche Wirkung wie zuvor einstellt oder ob sich die ursprüngliche Wirkung eventuell in Art und Intensität verändert hat.

3. Es hat sich angesichts vielfacher Erfahrungen durchaus bewährt, eine Art Räuchertagebuch zu führen. Tragen Sie dort die jeweiligen Substanzen ein, die Sie verräuchert haben, und halten Sie Ihren Eindruck fest.

4. Ziehen Sie bei der Verwendung von Heilkräutern ein oder gleich mehrere Fachbücher über Heilkräuter zu Rate. Vergleichen Sie die dort beschriebene Wirkung nach einiger Zeit mit der von Ihnen persönlich erlebten Wiurkung während und nach dem Rauchritual.

5. Achten Sie in jedem Fall auf unbehandelte und natürliche Zutaten beim Verräuchern – ansonsten verbrennen Sie unter Umständen mehr Chemie als Heilstoffe!

6. Beginnen Sie im fortgeschrittenen Stadium damit, Ihre Mischungen selbst zusammenzustellen. Dabei sollten Sie sich zunächst auf wenige Zutaten beschränken und die Mischungen nach und nach mit anderen Zutaten verfeinern.

7. Bei Mischungen sollten die Wirkungen der einzelnen Stoffe sich nicht gegenseitig aufheben, sondern zueinander passen bzw. sich gegenseitig ergänzen. Andernfalls kann es auch zu unerwünschten Effekten kommen.

Mit Hilfe der neben stehenden Anleitung nähern Sie sich Ihrem ganz speziellen Räucherwerk erfahrungsgemäß am besten an.

Um Ihren Geist in spiritueller Hinsicht zu öffnen, ist die hier abgedruckte Rezeptur geeignet – allgemein findet sie sehr viel Anklang.

Zum Räuchern sollte man wie zum Kochen ungespritzte Lorbeerblätter verwenden.

Rezepte für Seele und Geist

Die in der Tabelle auf Seite 76 genannten Schritte werden im Folgenden als Grundverfahren bezeichnet, das bei vielen Rezepturen, in denen Harze verwendet werden, vorkommt An betreffenden Stellen wird bei der Beschreibung der Zubereitung darauf verwiesen. Die Harze bzw. Harzlieferanten werden in den Rezepten separat unter der Rubrik »Harze« bei den Zutaten erwähnt.

Mischung für die spirituelle Öffnung

Das brauchen Sie: *Myrrhe / 2 Lorbeerblätter / Harze: Olibanum / Mastix / Hilfsmittel: Mörser / hitzefestes Gefäß / Rührwerkzeug (Löffel, Spatel; kein Metall!) / Förmchen*

So wird's gemacht: Lorbeerblätter und Myrrhe in einem Mörser zu Pulver zerreiben. Dieses Pulver wird mit den Harzen nach dem Grundverfahren weiterverarbeitet.

Extra: Beachten Sie, dass Sie bei diesem Rezept zwei Harze gemeinsam im Wasserbad schmelzen müssen.

Die göttliche Mischung

Das brauchen Sie: *getrocknete Rosenblätter / Harz: Olibanum / Hilfsmittel: Mörser / hitzefestes Mischgefäß / Rührwerkzeug (Löffel, Spatel; kein Metall!) / Förmchen*

So wird's gemacht: Die gut getrockneten Rosenblätter werden in einem Mörser zu Pulver zerstoßen. Anschließend geht es mit dem Grundverfahren weiter.

Diese edle Mischung besteht zwar nur aus zwei Zutaten. Dennoch üben die beteiligten Räucherstoffe einen intensiven Einfluss auf die Seele des Menschen aus.

Dieses einfache Rezept wirkt speziell im religiösen oder spirituellen Bereich. Es verhilft Geist und Seele zur Harmonie und befreit sie von den Fesseln des Alltags. Auf der spirituellen Ebene verbindet der Rauch das Bewusstsein mit dem göttlichen Universum. Er sorgt für tiefe Ruhe, Entspannung und für stilles Glück.

Extra: Die eigene Zubereitung mit Rosenblättern ist sehr viel wirksamer als fertige Mischungen, bei denen das Harz mit Rosenöl angereichert wird. Achten Sie aber auch hier auf unbehandelte Blätter. Rosen aus dem Blumenladen sind zu Räucherzwecken untauglich.

Mischung für Gebete und Meditationen

Das brauchen Sie: *Johanniskraut / Lavendel / Harze: Buchenrinde / Hilfsmittel: Mörser / hitzefestes Mischgefäß / Rührwerkzeug (Löffel, Spatel; kein Metall!) / Förmchen*

So wird's gemacht: Das Harz gewinnen Sie aus der Buchenrinde, indem Sie die Rinde im Wasserbad erwärmen. Das Harz wird dabei herausgeschmolzen. Die anderen beiden Zutaten werden in einem Mörser zu Pulver zerstampft. Dann wird das Grundverfahren angewendet.

Rezepte zur energetischen Reinigung

Grundsätzlich wirken alle Harze und auch viele Kräuter und Hölzer reinigend. Die beiden folgenden Räuchermischungen eignen sich jedoch besonders gut für die Reinigung der Aura, von Räumen und von Gegenständen (siehe Seite 43ff.).

Mischung zur Abwehr negativer Energien

Das brauchen Sie: *Koriander (oder Majoran) / Apfelbaumrinde / Harze: Benzoe / Hilfsmittel: Mörser / hitzefestes Mischgefäß / Rührwerkzeug (Löffel, Spatel) / Förmchen*

So wird's gemacht: Zerstoßen Sie das Gewürz und die Apfelbaumrinde zu Pulver. Verarbeitet wird das Pulver nach dem Grundverfahren.
Wenn Sie das Gefühl haben, dass Ihre Aura von negativen Energien überflutet wird, kann Ihnen der Rauch der folgenden Mischung helfen, wieder Ihre innere Balance zu finden.

Um sich vor negativen Schwingungen und Energien nachhaltig zu schützen, sollten Sie auf diese Mischung aus Koriander, Apfelbaumrinde und Benzoe zurückgreifen.

Mischung zur klärenden Reinigung

Das brauchen Sie: *Sweetgrass (Vanillegras) / Wacholderspitzen / Weißer Salbei / Hilfsmittel: Mörser*

So wird's gemacht: Zerstoßen Sie direkt vor der Räucherung alle Zutaten und mischen Sie sie gut. Diese indianische Rezeptur wirkt bei der Reinigung von Räumen und Gegenständen. Sie hilft auch bei Konflikten, Sorgen, Ängsten und Krankheiten.

Rezepte zur Stärkung des Körpers

Besonders bei der Kräftigung nach langen Krankheiten oder nach Erschöpfungszuständen können die folgenden Rezepturen für Räuchermischungen stärkend wirken.

In unserer hektischen und stressigen Zeit kann Ihnen ein Rauchritual mit diesen Kräutermischungen helfen, wieder neue Energie für den Alltag zu schöpfen. Probieren Sie es aus!

Vitalisierungsmischung

Das brauchen Sie: *getrocknete Rosmarinblätter / Harze: Tannen- und/oder Fichtenharz / Hilfsmittel: Mörser / hitzefestes Mischgefäß / Rührwerkzeug (Löffel, Spatel; kein Metall!) / evtl. Förmchen*

Grundverfahren Räuchermischung

1. Füllen Sie das jeweilige Harz in ein kleines hitzefestes Gefäß. Letzteres kann eine kleine Auflaufform oder Ähnliches sein. Wichtig ist dabei nur, dass das Gefäß nicht (!) aus Metall ist. Setzen Sie dann diesen Mischbehälter in ein Wasserbad.

2. Im Wasserbad wird nun das Gefäß – und mit ihm auch das Harz – vorsichtig erwärmt.

3. Wenn das Harz eine ausreichend flüssige Konsistenz erreicht hat, können Sie die jeweiligen anderen Rezeptzutaten beimischen: Getrocknete Blüten, Kräuter oder Samen werden im Mörser zu Pulver zerstoßen und unter das Harz gehoben. Dabei wird ein Holz-, Horn- oder Perlmuttlöffel bzw. Spatel eingesetzt. Auch hier sollten Sie auf keinen Fall Werkzeuge aus Metall verwenden!

4. Wenn sich die Zutaten gut vermischt haben, können Sie die Masse in kleine Förmchen gießen. Hier gilt wieder: kein Metall!

5. Nach dem Erkalten nehmen Sie die erstarrte Masse aus den Förmchen und lassen sie gut austrocknen. Der ideale Ort dafür sollte trocken sein und etwa Zimmertemperatur haben.

So wird's gemacht: Die getrockneten Rosmarinblätter werden zu Pulver zerrieben. Dann wenden Sie entweder das Grundverfahren bis zum Ende an, oder Sie lassen die Harz-Rosmarin-Mischung nicht ganz erkalten, sondern nur so weit auskühlen, bis sie eine zähflüssige Konsistenz hat. Mit den Händen können Sie dann Kügelchen oder Röllchen daraus formen. Diese werden zum endgültigen Erkalten auf Karton oder ein Tuch gelegt und gut getrocknet. Die Kombination von Tanne, Fichte und Rosmarin kann neue Kraft verleihen. Räuchern Sie mit der Mischung nicht abends – es sei denn, Sie haben noch etwas vor. Andernfalls müssen Sie mit unruhigem Schlaf rechnen. Eine Räucherung am Morgen ist ideal: Sie bringt Ihnen Klarheit und Kraft, die Ihnen bei der Rückbesinnung zu sich selbst helfen. Geist, Körper und Seele werden wieder zu einer Einheit. Betrachten Sie diese Räucherei als sinnvolle Ergänzung zu weiteren Verhaltensweisen, die bei Erschöpfung angezeigt sind: Gönnen Sie sich viel Ruhe, Schlaf und gesunde Ernährung mit viel frischem Obst, Gemüse und Vollkornprodukten.

Die Kraft-der-Natur-Mischung

Das brauchen Sie: *Eisenkraut / Mistelblätter oder Mistelholz / getrocknete Wacholderbeeren / Nadeln der Weißtanne / Harze: Olibanum / Mastix / Hilfsmittel: Mörser / hitzefestes Mischgefäß / Rührwerkzeug (Löffel, Spatel: kein Metall!) / evtl. Förmchen*

So wird's gemacht: Zerstoßen Sie das Eisenkraut, die Mistelblätter bzw. das Mistelholz und die Wacholderbeeren zu Pulver. Die Tannennadeln werden jetzt gehackt oder klein geschnitten. Mischen Sie nun die so vorbereiteten Zutaten, und verarbeiten Sie sie mit den Harzen nach dem Grundverfahren.
Diese Räuchermmixtur stammt aus der keltischen Überlieferung.
Sie soll für Zuversicht sorgen und die in jedem Menschen schlummernden verborgenen Kräfte frei setzen. Die Räucherung verbindet mit der Natur und stärkt das innere Gleichgewicht.

Schon seit frühester Zeit wird dem Wacholder eine besonders lebensstärkende Energie zugesprochen, die beim Räuchern nicht nur auf den Menschen, sondern auch auf Räume übergehen soll.

Schmückendes Beiwerk kann die Wirkung der Räucherung unterstützen.

Aufgrund seiner reinigenden Wirkung wird dem Salbei seit Urzeiten die Fähigkeit zuerkannt, negative Energiefelder aufzulösen, was nach Konflikten besonders nötig ist, um wieder miteinander »ins Reine« zu kommen.

Werkzeug aus Glas oder Keramik eignet sich am besten zum Mischen der Zutaten.

Rezepte für die richtige Stimmung

Je nach Verfassung und momentanen Umständen sind die eine oder andere der folgenden Rezepturen geeignet, die durch die Kombination verschiedener Räucherstoffe positiv Einfluss auf Körper und Seele haben.

Die Konfliktlöser-Mischung

Das brauchen Sie: *getrockneten Salbei und Beifuß / Harz: Olibanum / Hilfsmittel: Mörser / hitzefestes Mischgefäß / Rührwerkzeug (Löffel, Spatel; kein Metall!) / Förmchen*

So wird's gemacht: Zerstoßen Sie die Kräuter zu Pulver. Die Pulvermischung wird dann mit dem verflüssigten Harz wie im Grundverfahren beschrieben vermischt und anschließend getrocknet.
Für den häuslichen Bereich ist die Methode des Räucherns zum Neutralisieren von Streitenergien ideal. Kam es in Partnerschaft oder Familie zu Spannungen, räuchern Sie mit dem reinigenden Kräuterduft von Salbei und Beifuß die negativen Energien hinweg. Anschließend besteht wieder die Chance zu einem konstruktiven Gespräch. Übrigens: Ein weiterer Klassiker für Konfliktlösungen per Rauchritual ist Weihrauch.

Die Trost-Mischung

Das brauchen Sie: *Adlerholz / Kampfer / Myrrhe / Sandarak / Zimtblüte / Harz: Olibanum / Hilfsmittel: Mörser / hitzefestes Mischgefäß, Rührwerkzeug (Löffel, Spatel; kein Metall!) / Förmchen*

So wird's gemacht: Zerstoßen Sie Adlerholz, Kampfer, Myrrhe, Sandarak und Zimtblüte zu Pulver. Das Pulver wird mit dem Harz nach dem

Grundverfahren weiterverarbeitet. Die Mischung ist ein traditionelles Rezept aus Japan. Der Mix aus Hölzern, Kräutern und Blüten eignet sich gut zum Trost bei Trauer oder Einsamkeit. Darüber hinaus hilft sie, wieder zu sich selbst zu finden und die innere Balance zu erlangen.

Magische Rezepte aus 1001 Nacht

Der Duft von bestimmtem Räucherwerk hebt über die prosaischen Angelegenheiten des Alltags hinaus und begleitet die Liebenden ins Reich der sinnlichen Genüsse. Doch exotische und erotisierende Düfte sorgen gleichzeitig auch noch für eine energetische Reinigung des Raums.

Mischung aus dem Garten der Aphrodite

Das brauchen Sie: *Sandelholz / Zimt / Weitere Zutaten nach persönlichem Geschmack / Adlerholz und/ oder Lavendel und/oder Moschussamen und/oder Nelken und/oder Patchouli und/oder Rosenblätte und/ oder Safran und/oder Vetiver-Basisharze: Styrax / Olibanum / weiteres Harz nach persönlichem Geschmack: Benzoe / Hilfsmittel: Mörser / hitzefestes Mischgefäß, Rührwerkzeug (Löffel, Spatel; kein Metall!) / Förmchen*

So wird's gemacht: Pulverisieren Sie die Kräuter, Blätter und Hölzer der Grundzutaten und weitere Zutaten nach Belieben. Die Basispulvermischung bzw. den individuellen Mix können Sie dann mit den Harzen wie im Grundverfahren beschrieben weiterverarbeiten.
Entscheiden Sie selbst: Grundsätzlich ist es empfehlenswert, die Basiszutaten mit den Harzen zunächst auf Vorrat nach dem vorgestellten Grundverfahren zu verarbeiten. Erst beim Räuchern können Sie dann die weiteren Zutaten nach persönlichem Geschmack beigeben. Eine andere Möglichkeit: Sie geben bereits beim Grundverfahren alle weiteren oder einige der weiteren Zutaten nach individuellem Geschmack hinzu. Wählen Sie dabei aber nicht zu viele Bestandteile aus, sondern probieren Sie besser immer nur wenige Zutaten in wechselnder Komposition aus, und variieren Sie dann die Mengenverhältnisse zueinander.

Der aphrodisierende Mix an Duftstoffen hat es in sich. Er verfehlt seine Wirkung in Liebesangelegenheiten meist nicht. Bei dieser Rezeptur gilt jedoch: Weniger Duftstoff ist mehr.

Kleine gesundheitliche Beschwerden

kann der Rauch von Kräutern, Früchten,

Blüten, Harzen und Hölzern lindern.

Kleines Lexikon *des* Räucherwerks

Neben rein körperlichen Beschwerden finden Sie im Folgenden auch viele Befindlichkeitsstörungen seelischer und geistiger Natur aufgeführt, unter denen Sie eventuell leiden und auf die das angezeigte Räucherwerk einen günstigen Einfluss ausüben kann. Zudem folgt eine ausführliche Liste der Wirkungsweisen von Kräutern, Früchten, Blüten, Blättern, Räucherharzen und Räucherhölzern.

Die Liste der kleinerern und größeren Beschwerden, die unseren Alltag bestimmen können, ist lang. Die Natur aber hält für jedes Leiden ein entsprechendes Mittel bereit, dessen heilende Substanzen in Form von Rauch wirkungsvoll eingesetzt werden können.

Was Rauch bewirkt

Beschwerden	**Heilmittel**
Abgehetztsein	Zimtrinde (Holz)
Aggressivität	Dammar (Harz)
Angstzustände	Thymian (Kraut)
Asthma	Thymian (Kraut)
Atemwegserkrankungen	Sandarak (Harz), Wacholder (Beere), Tanne und Fichte (Harz), Lärche (Harz)
Bronchitis	Styrax (Harz), Thymian (Kraut), Anis (getrocknete Früchte)
Depressionen	Tanne und Fichte (Harz), Johanniskraut (Kraut), Majoran (Kraut), Hagebutte (Blüte), Ingwer (Blüte, Samen)
Durchblutungsstörungen	Arnika (Blüte)
Energielosigkeit	Kiefer (Harz)
Energiestörungen	Koriander (Blüte, Samen), Lärche (Harz), Sandarak (Harz)
Engstirnigkeit (eigene)	Johanniskraut (Kraut), Thymian (Kraut)

Probieren Sie es aus: Ob Sie eine Erkältung, eine Entzündung oder eine allgemeine Lieb- oder Lustlosigkeit befallen hat: Räuchern kann bei diesen Beschwerden oftmals Abhilfe schaffen.

Was Rauch bewirkt

Entzündungen	Eichenrinde (Holz), Arnika (Blüte)
Erdverbundenheit (mangelnde)	Eichenrinde (Holz)
Erkältungen	Benzoe (Harz), Pfefferminze (Kraut), Linde (Blüte)
Erschöpfung	Kiefer (Harz)
Fieber	Salbei (Blatt)
Freudlosigkeit	Styrax (Harz), Majoran (Kraut)
Gefühlsttaubheit	Nelke (Blüte, Samen)
Gleichgewicht (mangelndes, inneres)	Melisse (Kraut)
Hauterkrankungen	Styrax (Harz)
Herzbeschwerden	Rhododendron (Blatt)
Husten	Benzoe (Harz), Thymian (Kraut), Anis (getrocknete Früchte)
Infektionen	Salbei (Blatt), Linde (Blüte)
Jähzorn	Dammar (Harz)
Kraftlosigkeit	Arnika (Blüte)
Kreislaufschwäche	Melisse (Kraut), Rosmarin (Kraut), Rhododendron (Blatt)
Kurzsichtigkeit (geistige)	Buche (Holz)
Läuterung (Bedürfnis nach)	Lärche (Harz), Mastix (Harz), Zeder (Holz), Beifuß (Kraut)
Lieblosigkeit	Safran (Staubfäden)
Lustlosigkeit	Tanne/Fichte (Harz), Rosmarin (Kraut)

Was Rauch bewirkt	
Magenbeschwerden	Wacholder (Beere)
Mattigkeit	Kiefer (Harz)
Misstrauen (bei sich und anderen)	Rhododendron (Blatt)
Müdigkeit	Lärche (Harz), Rosmarin (Kraut), Arnika (Blüte), Lavendel (Blüte, Samen)
Mutlosigkeit	Beifuß (Kraut)
Nervenleiden	Rosmarin (Kraut)
Nervenschwäche	Majoran (Kraut), Ingwer (Blüte, Samen)
Nervosität	Tanne und Fichte (Harz), Johanniskraut (Kraut), Pfefferminze (Kraut), Lavendel (Blüte, Samen)
Niedergeschlagenheit	Kiefer (Harz)
Nierenleiden	Wacholder (Beere)
Objektivität (mangelnde)	Buche (Holz)
Passivität	Moschus (Samen)
Phantasielosigkeit	Birke (Holz), Nelke (Blüte, Samen)
Realismus (mangelnder)	Eichenrinde (Holz)
Realismus (übertriebener)	Birke (Holz), Lorbeer (Kraut)
Rekonvaleszenz	Veilchen (Blüte)
Rheuma	Bernstein (Harz)
Schmerzen (allgemeine)	Melisse (Kraut), Pfefferminze (Kraut)
Schwäche (allgemeine)	Beifuß (Kraut), Rosmarin (Kraut)

Ob Blätter, Beeren, Harz, Blüten, Samen oder Holz – alle Pflanzenteile besitzen bestimmte heilende Substanzen, die sich zur Linderung von Beschwerden einsetzen lassen.

Selbst gegen den Starrsinn und das Gefühl des Unglücklichseins ist ein Kraut gewachsen.

Was Rauch bewirkt	
Schwäche (körperliche)	Tanne und Fichte (Harz)
Schwäche (seelische)	Zeder (Holz)
Schwindelgefühl	Melisse (Kraut)
Sinnentleertheit (Gefühl der)	Arnika (Blüte)
Starrsinn	Lärche (Harz), Weide (Holz)
Stumpfsinn	Styrax (Harz), Zimtrinde (Holz), Moschus (Samen), Nelke (Blüte, Samen)
Trostlosigkeit	Benzoe (Harz)
Übersicht (mangelnde)	Buche (Holz), Pfefferminze (Kraut)
Unausgeglichenheit	Dammar (Harz), Mastix (Harz), Melisse (Kraut), Pfefferminze (Kraut), Anis (getrocknete Früchte), Koriander (Blüte, Samen), Moschus (Samen)
Unbehagen	Zimtrinde (Holz), Anis (getrocknete Früchte)
Unbeweglichkeit (geistige)	Weide (Holz)
Unentschlossenheit	Buche (Holz)
Unglücklichsein	Lärche (Harz)
Unreinheit (Gefühl innerer)	Apfel (Holz), Zeder (Holz), Beifuß (Kraut), Majoran (Kraut), Myrrhe (Kraut), Salbei (Blatt), Lavendel (Blüte, Samen), Linde (Blüte)

Was Rauch bewirkt	
Unruhe	Benzoe (Harz), Dammar (Harz), Mastix (Harz), Johanniskraut (Kraut), Pfefferminze (Kraut), Koriander (Blüte oder/und Samen)
Unternehmungsgeist (Mangel an)	Lärche (Harz), Arnika (Blüte)
Unwohlsein (allgemeines)	Moschus (Samen), Anis (getrocknete Früchte), Kamille (Blüte)
Verhandlungsgeschick (mangelndes)	Weide (Holz)
Verkrampfung	Sandarak (Harz), Zimtrinde (Holz), Melisse (Kraut), Lärche (Harz), Thymian (Kraut)
Verschlossenheit	Dammar (Harz), Beifuß (Kraut), Lorbeer (Kraut), Safran (Staubfäden)
Verspannung	Sandarak (Harz), Zimtrinde (Holz), Majoran (Kraut), Salbei (Blatt), Anis (getrocknete Früchte), Arnika (Blüte), Ingwer (Blüte, Samen), Kamille (Blüte), Koriander (Blüte, Samen)
Verwirrtheit	Elemi (Harz), Buche (Holz), Pfefferminze (Kraut), Salbei (Blatt)
Vitalität (mangelnde)	Bernstein (Harz)
Zentrierung (mangelnde)	Mastix (Harz), Zimtrinde (Holz), Johanniskraut (Kraut)
Zerrissenheit (innere)	Zimtrinde (Holz), Johanniskraut (Kraut), Elemi (Harz)

Auch beim Gefühl innerer Zerrissenheit erreichen Sie mit heilenden Naturstoffen wie Johanniskraut als Räucherbasis eine Besserung Ihrer Stimmung.

Wie der Rauch von Früchten, Blüten und Blättern wirkt			
Räucher-basis	**seelische/ geistige Ebene**	**körperliche Ebene**	**spirituelle/ rituelle Ebene**
Anis getrocknete Früchte (*Pimpinella anisum*)	Entspannend, wohltuend, ausgleichend	Krampflösend (auch im Magen-Darmtrakt); lindert Husten bei Bronchitis	Löst innere Blockaden auf; wirkt öffnend
Arnika Blüten (*Arnica montana*)	Anregend, aktiviert die inneren Kräfte, motivierend, fördert den Tatendrang	wirkt gegen Gelenkschmerzen; durchblutungsfördernd; entzündungshemmend	Macht frei für die Aufnahme positiver Energien; reinigend
Kamille Blüten (*Matricaria Chamomolla*)	Entspannend, steigert das Wohlbefinden	Entzündungshemmend; heilend bei Reizung des Rachenraums und Magen- und Darmbeschwerden	Befreiend; reinigt die Aura
Koriander Früchte (*Coriandrum sativum*)	Schafft innere Balance, entspannt die inneren Kräfte	Wirkt gegen chronische Kopfschmerzen, Nervosität, Gelenkschmerzen; beruhigend	Reinigt die Atmosphäre in Räumen und Aura; wehrt negative Energien ab, wirkt harmonisierend
Lavendel Blüte (*Lavendula angustifolia*)	Anregend, klärend, reinigend	Löst Depressionen auf; wirkt bei Schlafstörungen, nervösen Beschwerden; wirkt bei Appetitlosigkeit und Reizmagen	Wirkt reinigend

Wie der Rauch von Früchten, Blüten und Blättern wirkt			
Räucher-basis	**seelische/ geistige Ebene**	**körperliche Ebene**	**spirituelle/ rituelle Ebene**
Linde Blüte (*Tilia vulgaris*)	Klärend, reinigend	Mildert Hustenreiz, fieberhafte Erkältungen; entzündungshemmend; schweißtreibend; desinfizierend	Reinigend; fördert die Verbindung zur Natur; wirkt schützend
Moschus Samen (*Hibiscus abelmoschus*)	Fördert das Wohlbefinden; ausgleichend; aktivierend	Regt die Sinne an	Fördert die übersinnliche Wahrnehmung
Nelken Knospen (*Syzigium aromaticum*)	Verstärkt Intuition und schöpferische Kräfte; sinnlich anregend	Aphrodisierend; wirkt gegen Kopf- und Zahnschmerzen	Energetisch reinigend; bannt negative Energien
Rhododendron Blätter (*Rhododendron lepidotum*)	Fördert Vertrauen und macht zuversichtlich	Anregend für Herz und Kreislauf (Vorsicht bei Bluthochdruck)	Kontakt zu himmlischen Sphären; schützt vor negativen Einflüssen
Safran Staubgefäße (*Crocus sativus*)	Tröstend; fördert Zuneigung und Vertrauen	Steigert die Fruchtbarkeit	Öffnend; begleitend zu religiösen Riten (auch bei Todesfall)

Wie Räucherharze wirken			
Räucher-basis	**seelische/ geistige Ebene**	**körperliche Ebene**	**spirituelle/ rituelle Ebene**
Benzoe (*Styrax benzoin*)	Stellt inneren Frieden her; wirkt tröstend	Hilft bei allen Erkältungs-krankheiten; wirkt desinfizierend	Steigert die Erkenntnis-fähigkeit; gilt als göttlicher Opferrauch
Bernstein (*Succinum, Copalin*)	Löst Angstzustände auf; spendet neue Lebenskraft	Lindert Schmerzen; hilft bei Rheuma; wirkt gegen Schlaflosigkeit und Nervosität	Hilft bei der Verbindung zur Sonne
Dammar (*Canarium strictum*)	Hilft bei Depressionen und Trauer; wirkt beruhigend und besänftigend	Wirkt gegen Appetitlosigkeit	Fördert Hellsichtigkeit; wirkt öffnend und unterstützend bei der Meditation
Elemi (*Canarium luzonicum*)	Klärend; geistig anregend; wirkt stimmungsaufhellend	Erfrischend; belebend	Energetisch reinigend; fördert die Konzentration bei der Meditation
Fichte (*Picea abies*)	Euphorisierend; belebend	Nervenstärkend; kräftigend; wirkt heilend bei Atemwegserkrankungen	Wirkt energetisch reinigend; schützt vor negativen Energien

Wie Räucherharze wirken			
Räucher-basis	**seelische/ geistige Ebene**	**körperliche Ebene**	**spirituelle/ rituelle Ebene**
Kiefer (*Pinus sylvestris*)	Tröstend; stimulierend; besänftigend; innerlich wärmend; desinfizierend	Kräftigend; heilend bei Atemwegserkrankungen (auch Nebenhöhlen); reinigend	Energetischer Schutz vor negativen Energien; bannt Dämonen und Flüche
Lärche (*Larix decidua*)	Hilfreich bei Neuanfang und Erneuerung; anregend	Lindert Atemwegs-erkrankungen; krampf- und schleimlösend; kräftigend	Glückbringend; öffnend; verhilft zu positiven Energien
Mastix (*Pistacia lentiscus*)	Klärend; ausgleichend; weckt innerlich	Zentrierend; adstringierend; wirkt heilend bei chronischem Husten und bei Magenbeschwerden	Reinigend; fördert Hellsichtigkeit; wirkt öffnend bei Geisterbeschwörung
Sandarak (*Tetraclinis articulata*)	Beruhigend und entspannend	Wirkt gegen Schlafstörungen; krampflösend; lindernd bei Schnupfen und Katarrh	Wirkt reinigend; neutralisiert destruktive Schwingungen
Styrax (*Styrax officinalis*)	Stimmungsaufhellend; erhöht die Sinnlichkeit	Wirkt heilend bei bronchialen Erkrankungen; gegen Heiserkeit; gegen Verstopfung; heilend bei Hauterkrankungen	Reinigend; Erkenntnis fördernd; Opferrauch

Wie Räucherhölzer wirken			
Räucherbasis	**seelische/ geistige Ebene**	**körperliche Ebene**	**spirituelle/ rituelle Ebene**
Apfelbaum (*Pyrus malus*)	Wirkt reinigend und belebend	Stärkend; wirkt gegen Durchfall	Stark reinigend
Birke (*Betula pendula*)	Erhebt den Geist; fördert Kreativität und Erneuerung	Harntreibend; regt den Stoffwechsel an; wirkt gegen Haarausfall	Hilft beim Erreichen höherer Ebenen
Buche (*Fagus*)	Verhilft zu Weisheit und Klarsicht; fördert das Urteilsvermögen und den Gerechtigkeitssinn	Beruhigend; stellt Balance im Hormonhaushalt her	Verbindet mit höheren Sphären
Eichenrinde (*Quercus robur*)	Verhilft zu realistischer Betrachtung	Schweißhemmend; heilend bei Entzündungen von Zahnfleisch und Mundschleimhaut	Energetisch reinigend; günstig für Erdverbundenheit
Tanne (*Pinus picea*)	Belebend; löst Schwermut; hilft zur Erneuerung	Wundheilend; hilft bei Erkältungskrankheiten und rheumatischen Beschwerden	Vertreibt böse Geister
Weide (*Salix*)	Erhöht die geistige Beweglichkeit; fördert das diplomatische Geschick	Stärkt das Immunsystem; wirkt blutstillend; hilft bei Verdauungsstörungen	Stark reinigend; fördert die Erdverbundenheit
Zeder (*Cedrus libani/atlantica/deodora*)	Bringt frische Energie; mutmachend	Stärkend; schärft die Sehkraft; wirkt desinfizierend	Erleichtert die Öffnung zu himmlischen Dimensionen
Zimtrinde (*Cinnamomum verum*)	Ausgleichend; regt die Sinnlichkeit an; wirkt entspannend	Krampflösend; begünstigt das Wohlbefinden	Opfergabe für die Götter; reinigend

Wie Räucherkräuter wirken			
Räucher-basis	**seelische/ geistige Ebene**	**körperliche Ebene**	**spirituelle/ rituelle Ebene**
Beifuß (*Artemisia vulgaris*)	Ermutigend; reinigend; Eröffnung neuer Perspektiven	Wirkt kräftigend	Energetische Reinigung; hilft, sich zu öffnen; Dankopfer an die Götter
Eisenkraut (*Verbena officinalis*)	Inspirierend und aphrodisierend; wirkt gegen Lustlosigkeit	Hilft bei Kopfschmerzen, Magenverstimmungen und Müdigkeit	Beschwört böse Geister; weckt hellseherische Kräfte; reinigend
Johanniskraut (*Hypericum formatum*)	Beruhigend, ausgleichend, aufheiternd, stimmungshebend	Nervenstärkend; wirkt regenerierend; hilfreich bei der Menstruation	Öffnet Kanäle zu himmlischen Wesen; stützt die Bewusstseinserweiterung
Lorbeer (*Laurus nobilis*)	Stärkt das Konzentration und Erinnerungsvermögen; hebt die Stimmung	Schärft die Sinne; verdauungs- und durchblutungsfördernd	Unterstützt die Öffnung der Sinne, Kontaktaufnahme mit dem Höchsten und Hellsichtigkeit
Majoran (*Origanum majorana*)	Stark reinigend; wirkt stimmungsaufhellend und Freude bringend	Gut gegen Nervenleiden; wirkt entspannend	Energetisch reinigend

Wie Räucherkräuter wirken			
Räucher-basis	**seelische/ geistige Ebene**	**körperliche Ebene**	**spirituelle/ rituelle Ebene**
Melisse (*Melissa officinalis*)	Stellt das innere Gleichgewicht wieder her; wirkt entspannend, ausgleichend, regulierend	Entkrampfend; schmerzlindernd; gegen Kreislaufprobleme und Schwindel	Befreiend
Myrrhe (*Commiphora myrrha*)	Reinigend; verhilft zu erhöhten Bewusstseinszuständen	Gut bei Schwangerschaft und Menstruationsbeschwerden	Reinigend; macht empfänglich für göttliche Botschaften
Pfefferminze (*Mentha piperita*)	Beruhigend; gibt geistige Klarheit und innere Ausgeglichenheit	Wirkt beruhigend und lindernd bei vielen Schmerzzuständen	Reinigend
Rosmarin (*Rosmarinus officinalis*)	Anregend; gibt geistige Klarheit	Belebend (nicht vor dem Schlafengehen anwenden!); lindert Nervenleiden; kreislaufstabilisierend; kräftigend	Wirkt energetisch günstig
Thymian (*Thymus vulgaris/serpyllum*)	Geistige Horizonterweiterung; Entkrampfung des Geistes; verhilft zum Aufbruch zu neuen Ufern	Krampflösend; Hustenmittel (auch Keuchhusten!); lindernd bei Asthma und Bronchitis	Reinigend; erneuernd

Bezugsquellen

- **Spinnrad GmbH**
Am Bugapark 3
D-45899 Gelsenkirchen
Tel.: 02 09/17 00 00
Fax: 02 09/1 70 00 40
E-Mail: info@spinnrad.de
(hier erfahren Sie, welche Spinnrad-Filiale ganz in Ihrer Nähe liegt)

- **ATLANTIS-Duftvertrieb**
Michael Hellwig
Hans-Thoma-Straße 7
D-88630 Pfullendorf
Tel: 0 75 52-4 04 40
Fax: 0 75 52-4 04 49
E-Mail: ATLANTIS-Duftvertrieb @t-online.de

- **http://www.merkaba-versand.de**
Internetadresse für den Versand von Räuchersubstanzen und Räucherutensilien aus aller Welt (z. B. USA, Tibet, Japan).

- **http://www.isis-urania.de/isis1/tips.htm**
Hier finden Online-Besteller auch ganz alte Mischungen nach keltischen oder ägyptischen Rezepten.

- **Mon Bijou**
Landshuter Allee 39
D-80637 München
Tel. 0 89/16 28 16
Groß- und Einzelhandel (Bezugsadressen bitte erfragen!), der sogar spezifische Sternzeichen-Mischungen anbietet; darüber hinaus auch ganz außergewöhnliche und seltene Harze und Mixturen.

- **http://www.eurolink.de/flora19/katalog/katalog-rauch.htm**
Flora 19 – der Fachhandel für Tee und Kräuter – Katalog Räucherwerk Heyne, München, 1998, 2. Aufl.

Unter den hier aufgeführten Adressen können Sie Räucherutensilien von A bis Z kaufen oder bestellen.

Als Grundausstattung zum Räuchern benötigen Sie:

- Räuchergefäß
- Räuchersubstanzen
- Räucherkohle
- Sand
- Pinzette / Zange
- Mörser

Impressum

Redaktion:
Constanze Lüdicke

Projektleitung:
Antje Eszerski

Redaktionsleitung:
Dr. Reinhard Pietsch

Bildredaktion:
Gabriele Feld

Produktion:
Manfred Metzger (Leitung), A. Aatz

Umschlag:
Till Eiden

Layout:
Reinhard Soll

DTP/Satz:
Veronika Moga

Druck:
Weber Offset, München

Bindung:
R. Oldenbourg, München

Printed in Germany

Gedruckt auf chlor- und säurearmem Papier

ISBN 3-7787-3916-6

Über die Autorin
Gisela Schreiber, geboren 1956 in Berlin, ist Medizinjournalistin, verheiratet, hat zwei Kinder und lebt in Hamburg. Nach dem Abitur studierte sie mehrere Semester Medizin. Dann bot sich ihr die Gelegenheit, ihren Nebenjob als Journalistin mit einem Volontariat zum Beruf zu machen. Nach Abschluss ihrer Ausbildung wurde sie Korrespondentin – erst im Ostblock, dann in Südamerika. Dort bekam sie erste Kontakte zur Naturmedizin in fremden Kulturen. Ihr besonderes Interesse galt ab da der Kombination von klassischen Behandlungsmöglichkeiten der Schulmedizin mit sanften, natürlichen Therapien. Auch ist es ihr besonderes Anliegen, die ganzheitliche Medizin stärker in das Bewusstsein der Öffentlichkeit zu rücken – und dies in einer leicht lesbaren, allgemeinverständlichen Sprache, die für jeden nachvollziehbar ist. Gisela Schreiber hat zahlreiche Bücher geschrieben und ist regelmäßig für große Illustrierte und Zeitungen tätig.

Bildnachweis
Bavaria Bildagentur, München: 4 (FPG), 62 (Definitive Stock); Ernst Beat, Basel: 67; Fotoarchiv, Essen: 6, 11 (Henning Christoph), 12 (Johann Schreiber), 28 (Jürn Sackermann), 60, 69 (Andreas Riedmiller); Kerth Ulrich, München: 67; Mauritius, Mittenwald: 26 (Filser); Photonica, Hamburg: 5 (C. Rosenstein), 24 (D. Katzenstein), 31 (Peter Zeray), 43 (Kazutomo Kawai), 49 (Neo Vision); Südwest Verlag, München: Titel, 45, 65, 66 (Matthias Tunger), 7 (Ute Schoenenburg), 19, 41, 54, 59, 70 (Siegfried Sperl), 22 (Claudia Rehm), 58, 80 (Karl Newedel), 74 (A. F. Endress); Tony Stone, München: 57 (John Warden); Tunger Matthias, München: 1, 30, 32, 34, 47, 77, 78; Visum, Hamburg: 14 (Günter Beer), 15 (Michael Wolf), 55 (Ulla Kimming); Zefa, Düsseldorf: 8 (First), 20 (Westhill).

Hinweis für unsere Leser
Das vorliegende Buch ist sorgfältig erarbeitet worden. Dennoch erfolgen alle Angaben ohne Gewähr. Weder Autor noch Verlag können für eventuelle Schäden, die aus den im Buch gemachten HInweisen resultieren, eine Haftung übernehmen.

Register